iHuman
新民説

成为更好的人

[美] 彼得 · 卡佩利 Peter Cappelli —— 著
江利华 —— 译

上大学值得吗？

WILL COLLEGE PAY OFF ?

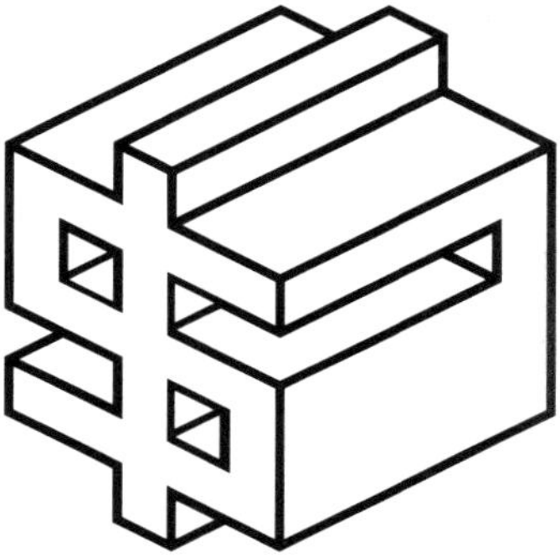

一生最重要的经济决策指南

GUANGXI NORMAL UNIVERSITY PRESS
广西师范大学出版社
· 桂林 ·

上大学值得吗？
Shang Daxue Zhide Ma？
Yisheng Zui Zhongyao De Licai Juece Zhinan

图书在版编目（CIP）数据

上大学值得吗？：一生最重要的经济决策指南 /（美）彼得·卡佩利著；江利华译．—桂林：广西师范大学出版社，2017.10

书名原文: Will College Pay Off? -- A Guide to the Most Important Financial Decision You'll Ever Make

ISBN 978-7-5495-9884-7

Ⅰ．①上… Ⅱ．①彼…②江… Ⅲ．①高等教育一理论研究 Ⅳ．①G640

中国版本图书馆 CIP 数据核字（2017）第 119190 号

广西师范大学出版社出版发行
（广西桂林市中华路 22 号　邮政编码：541001
网址：http://www.bbtpress.com）
出版人：张艺兵
全国新华书店经销
广西民族印刷包装集团有限公司印刷
（南宁市高新区高新三路 1 号　邮政编码：530007）
开本：880 mm × 1 240 mm　1/32
印张：8.125　　字数：170 千字
2017 年 10 月第 1 版　　2017 年 10 月第 1 次印刷
印数：0 001~7 000 册　　定价：45.00 元

目　录

前　言

大学的神话与现实

对于成年人而言,四年的大学教育无疑是人生中最重要的经历之一。然而,如今的大学教育却和大多数成年人的亲身经历大相径庭:与其说是在大学校园里度过四年时光,倒不如说它贯穿了你人生中的许多年,让你经常在不同学校之间穿梭,而且会频繁出现在你的职业生涯中。现在,在美国上大学比以往更昂贵,学费也比世界上其他任何国家要高。尽管如此,越来越多的年轻人还是选择上大学,特别是对于那些来自社会底层的家庭而言,往往是全家举债供孩子上大学,有时甚至是债台高筑也在所不惜。

或许是考虑到上学成本太高,各所大学都在顶着巨大压力去游说学生和家长,让他们相信学生毕业后能找到好工作。为了达到这个目的,很多学校都设置了大量的学位课程,这些课程的名称听起来就像是某些职业,比如"国际酒店管理"。这种现象在一些新办的、以营利为目的、快速发展的学校里尤为普遍。

与此同时,大众媒体、企业团体甚至许多政府部门的信息报道说:"如果你想要有一份好工作,大学学历比以往任何时候都重要。"结果,许多家庭背负着更大的压力送孩子上大学,而越来越多的家庭发现上学成本变成了严重的负担。

对于这些家庭而言,送孩子上大学是一项巨大的投资。家长们在作出这一重大决定时,几乎没有任何信息可供参考,所以他们不知道这笔投资将来是会得到回报,还是会让他们破产。这可不是什么好事情。即使是大学教育最坚定的拥护者也认为,如今的大学教育应该为了便于学生选择不同的学校和专业而各具特色。一些专业的毕业生在职场上的表现极其出色,尽管很少有人关注这种成功在多大程度上应该归功于他们在上大学之前所具有的禀赋。而另外一些专业的毕业生却一事无成,他们将永远没有机会还清那笔为了上大学而投入的巨资。

我们不要轻视这些风险,许多家庭在作出这项最重要的财务决策时都会面临这一问题。上大学的投资失败,或是因为有些学生毕不了业,或是有些人确实要用很多年才能完成学业。还有些学生是因为贷了一大笔款上大学,毕业后挣的钱不足以偿还贷款,因为这些贷款会产生高昂的费用,其中包括利息。这些利息从贷款合同生效的那天起就开始计算,而且利率的增长速度几乎赶上了汽车贷款利率。有的学生投资失败是因为毕业后并没有找到当年学校招生部门给他们许诺的好工作。还有的失败是因为尽管学生毕业后找到了工作,但由于在校期间他们太专注于申请第一份工作的职业训练,对今后能在职场上帮助他们获得更大提升空间的其他知识和技能一无所知。

在上大学投资失败方面,公共政策起到了推波助澜的作用。政府削减了大部分美国学生所在的公立大学的财政资金,等于把大学费用的负担分摊到每个家庭。这样,州立大学的学费上涨就远远超过了同等私立大学的学费上涨。更令人担忧的或许是各州、各地方政府都在花大力气让大学教育越来越职业化,迫使学生选修那些听起来好像是雇主希望他们选定的那些专业。

学校致力把四年的大学课程打造成职业培训,但是又没有证据证明这种方法行之有效,所以这一点非常令人担忧。毕业生当然知道雇主对什么感兴趣,但有明显的证据表明最让雇主感兴趣的是一名毕业生在大学课程(包括人文学科课程)里所学到的基础知识和技能,而他们最不感兴趣的恰恰是那些新的职业课程所推崇的具体的职业知识。当学生们选修诸如公共卫生管理等课程时,那些教更基础技能(比如逻辑思维、解决问题的方法等)的、或许能让他们受益终身的课程却被抛在一边。

一些不负责任的言论说大学教育会有丰厚的回报。很多家长和学生原本无法承受上大学的巨大花费,却因为受到这些言论的蛊惑而不惜举债上大学,由此承受一辈子都可能无法还清债务的风险。这种现象促使我下定决心写这本书。还有,很多形形色色的指南告诉家长根据孩子的性情应该选择什么类型的学校,却没有一本书帮助家长分析送孩子上大学是否会导致家庭陷入经济危机。这是我在书中将要提供的内容，旨在帮助家长和学生分析那些决定某门课程的投入是否将会产生回报的相关因素。

同时，我也希望这本书能够帮助大家消除一些常见的关于大学教育和劳动力市场的错误观念，比如有人认为市场缺少科学、技术、工程和数学等方面的毕业生，还有人认为大学生不会去专攻那些可以就业的学科领域，或是认为如今职业对教育的要求远远多于以往。我想强调的则是一些关于大学教育回报之类的更大的话题，比如大学毕业生的成功有多少是来源于他们身上原本就已经很优秀的能力，还有就业市场是如何从看重知识转变为更看重工作经验，以及美国的中小学教育是如何影响并改变着美国的高等教育。

许多人参与了本书的相关工作。拉里 · 刘（Larry Liu）全程协助甄别资料来源，我的同事鲍勃 · 泽姆斯基（Bob Zemsky）、帕特 · 罗斯（Pat Rose）、彼特 · 艾克尔（Peter Eckel），还有史蒂芬 · 夏洛特（Stephen Sherret），他们通读了书稿并提出许多很好的建议。约翰 · 莱特（John Wright）负责本书的统稿，编辑约翰 · 马哈尼（John Mahaney）为此书的出版提供了有益的指导。在此，我谨对他们的辛勤工作和无私奉献表达最诚挚的谢意！

第 1 章

为什么受教育水平越高找的工作越好？

——教育和工作之间的联系

商业媒体长篇累牍地报道说科技和工程技术人才紧缺。美国总统也发布指令，承诺让每个中学生都至少能接受一点大学教育。这些报道和承诺使家长觉得送孩子上大学是一种不折不扣的爱国主义表现。问题是那些鼓动说要送更多孩子上大学的人都不会为学费买单。对于许多家长而言，送孩子上大学是一笔巨大的花费，这笔花费会使他们在满足其他重要需求时捉襟见肘，比如会使他们退休后的生活质量大打折扣。所以，这样做值得吗？

当然，上大学有许多美妙的事情。比如，在大学里可以交朋结友，通常还可以找到人生的另一半；可以了解生活，了解身外的世界——这些大都是课堂以外的知识。上大学的另一个原因越来越重要，那就是为今后找一份工作。这一方面是由于衰退的经济使得许多家庭付不起学费，而恰恰此时上大学的费用却越来越高；另一方面是因为那些没有上大学的孩子就业前景日益渺茫，至少和他们的父辈相比是这样的。

在大学生毕业率方面，美国在世界上并不领先，苏联曾长期高居榜首，现在则是韩国；而在入学率和学费方面，美国却独占鳌头。美国学生上大学的费用比其他国家同龄人的学费高出四倍，比即将读大学的高中生的费用多出70%。

上大学是通往成功之道，这一观念深深地根植在美国民众的心中。政府的许多政策，比如《退伍军人权利法案》（*GI Bill*）、州立大学的兴起以及政府提供的助学贷款等等，都是用来为那些并不富裕的阶层在社会上的发展提供更多的机会。大学教育将以高收入作为回报，这一观念成为学生和家长为大学教育买单的充足理由：谁受益，谁买单。

在当今的新形势下，上大学仍然被看成进步和发展的必由之路。就未来有可能的回报而言，上大学的投资显得越来越贵，风险越来越大。人们往往把应届毕业生在职场上举步维艰归咎于经济大衰退以后一蹶不振的就业市场，但其实还有其他原因。社会学家约瑟夫·阿鲁姆（Joseph Arum）和荷西·洛克萨（Josipa Rocksa）采访了1 000余名近期的毕业生，发现许多人正在为找一份理想的工作而努力奋斗，而更多的人正逐步进入成年人的角色。阿鲁姆和洛克萨怀疑学生在大学里学到的那些东西——或许还没学到——根本就应付不了现代生活的挑战。[1]

在由大学生向成人转变的过程中会发生很多重要的事情，而这些事情都和工作有关。雇主随便挑选新的毕业生然后传授他们终生赖以生存的职业技能，这种时代已经一去不复返了。现在的情况是，雇主用人非常挑剔，他们要挑选的是那些已经拥有了职业技能并且能够一开始就给公司带来回报的新员工。在这个过程中，雇主把获得职业技能的问题转嫁到学生身上，而学生在这方面往往做得不够好。

差不多 2/3 的近期毕业生抱怨找不到和所学专业关系密切的工作。超过 1/5 的学生反映他们在大学里对就业市场知之甚少。几乎 1/4 的毕业生已经相信他们所接受的大学教育不值得他们的经济投入。[2]

一场争论旷日持久,令人费解:雇主很难找到拥有工作技能的员工,而问题就在教育制度本身,包括大学教育。一部分争论涉及国家的移民政策,主要是那些信息技术产业的雇主想游说政府允许他们从低收入国家引进更多的技术移民。一些媒体对此很感兴趣:一方面由于"人咬狗"的情况导致大量工人失业;另一方面由于技术工人严重短缺,雇主声称很难招到好的求职者。仅仅是这一现象就很有新闻价值了。所有这些似乎都把解决方法推到了学生身上:拿到必要的文凭,否则就离开走人。

这种普遍的观点显然是错误的。谁也不能有把握地预测究竟到哪里才能找到工作,在这一点上学生正被淘汰出局:雇主实际上对学生的学术能力不感兴趣,他们需要的是在工作经历中积累的技能,还有那些在他们曾经提供过的内部培训课程中获得的技能。

就业市场的注意力全都集中在雇主的观点上,几乎没有人考虑大学教育对学生以及那些花钱供孩子上大学的家长究竟意味着什么。而这正是本书的焦点。

学生和家长都知道就业市场已经发生了变化,所以他们极力希望大学教育能帮助他们适应这种变化。大学也很乐意这样做,至少很乐意让家长相信大学能给学生传授毕业后找到好工作的技能。问题是没人知道他们的保证是否可靠。

大学毕业生比高中毕业生挣得多，这一点毋庸置疑，但它掩盖了很多重要的事实。大学教育培养出的成果千差万别：某些专业的学生毕业后引人注目，出类拔萃；而另外一些学生当初如果不上大学的话，经济处境会好很多。情况怎么会这样呢？

答案在于一种模式不可能适应所有人，而多数人的评价标准都是要求大学培养出好学生。拿药品打个比方。对于每一种处方药而言，大家都知道它对普通人群有理想的疗效，但你仍然会要求每一剂药都是由你的医生开出。因为医生是职业专家，他必须根据你的病情来决定这种药的疗效是否值得你去承担药物潜在的风险，以及这种疗效是否值得你为了治疗而支付的费用。对于上大学而言，我们没有这些专业性的指导，所能做的只是跟大多数人一样，随波逐流。

为什么大学生在职场上的表现普遍来说要更出色呢？对此我们不得而知。难道真的是因为他们在大学里学到的知识或是经历过的事情？抑或是因为那些能上大学的孩子比那些不能上大学的孩子拥有更多优势？还是因为能够大学毕业这一点本身就意味着即使不上大学，他们也拥有对就业有价值、有帮助的能力？如果这一切都不合情理，那么问问自己在 18 至 22 岁这四年期间获得了什么。人们经常把这种成长归功于大学教育，其实那是一种顺其自然的现象。当我们把大学毕业生和刚毕业的高中生进行比较时，常常忘记前者年龄比后者要大，而从 18 岁开始再过四年，一切都会产生显著的差异。

上大学的良好回报在一些领域要比其他地方高,对于这一点人们深信不疑。虽然我们不能保证大学毕业后的成功就业会物有所值,但如果我们作出正确决定就会提高这种可能性。

本书的焦点在于提醒大家:对于许多人而言,上大学是他们将要作出的最重大的经济决定。上大学花费昂贵,毕业远比大多数人想象的要困难得多,而且毕业后又不能保证找到工作,所以风险巨大。许多家庭苦苦挣扎供孩子上大学,往往置家庭的其他义务(比如父母的退休待遇)于风险之中而不顾。对于一个家庭而言,花钱上大学不像花钱置办其他值钱的东西。相关的问题不仅涉及大学毕业带来的利益(确实会有利益问题),而且还涉及大学教育带来的经济利益是否值得上大学的成本费用。

举个例子,最近有一位名叫凯勒·拉芬(Kyle Laffin)的毕业生,需要和父亲一起签署一份用于支付财会专业的大学学费的合同。这可是一个极好就业的专业,他也确实找到了一份工作,每年有四万美元的收入。但他的贷款高达 14 400 美元,他的父亲退休后还要帮助他一起还贷款。[3]人们开始会经常忽略这些贷款产生的费用,过后才发现许多贷款的利息率非常高。在你上大学期间利息会累加,毕业后如果找不到工作,甚至是破产了,银行也不会减免你的贷款利息。所以,对于大多数人而言,上大学是否有回报绝不是一个靠掷骰子就能获得满意答案的问题。这个问题关系到家庭把储蓄用于一项很难评估的投资,由此可能会产生许多不良后果。即使是在最好的情况下,这笔投资在未来的十几年甚至更长的时间里可能也会无所回报。

对于大部分家庭而言,问题不在于上不上大学——家长们有千百条理由送孩子上大学。他们关心的问题是上哪所大学,读什么专业,获得什么学位。在诸多决定中,所学专业潜在的回报率是重中之重。对于其他学生和家长而言,优先考虑所选学校,其次是毕业后能否找到好工作。如果达不到预期目标,他们是不会考虑上大学的。

学校对此的反应是对课程设置大加修改,开设大量能让学生毕业后找到工作的职业技能课程。然而,雇主真的对诸如公共卫生管理或是建筑管理之类的职业技能课程感兴趣吗？稍后提及的事实会告诉你,答案或许是否定的。

现在越来越不清楚学生当年上大学时想找的工作在四年(或更长时间)后是否还会存在。正如我们经常听到的那样,即使毕业生得到了他想要的第一份工作,后来又会怎么样呢？那种应用性很强、专门传授技能、帮助学生找到第一份工作的专业会失去价值,从而使他们的职业生涯画上句号吗？学生应该选择更传统的学术课程吗？在传统课程中,他们至少可以学到一些基本技能,而不是那些以某一专门行业为目标的职业课程,因为谁也不能保证等若干年后他们毕业时还存在相应的就业机会。我们能从哪里知道某一门学位课程将来是否有回报呢？如果知道了,我们又能相信吗？

现在,大家普遍认为大学生应该选择以就业为导向的实用专业,比如动漫、资产管理或微创心血管技术等(大学里真的有很多诸如此类的本科课程),其实这样的观点或许是错误的。这些职业化的课程会使学生局限于单一的就业渠道,而且他们通常在17岁申请上大学时就必须作出决定。学生也可以改变兴趣,转专业,但在这些应用性很强的专业领域往往很难做到这一点。如果毕业时找不到对口的工作,单一的专业背景将使他们很难去做别的工作。

我们不应该只关心大学毕业后的第一份工作,因为这份工作往往不会持续太久。对于刚毕业的大学生而言,许多高薪的工作岗位,如工程和信息技术等,虽然有着长期的愿景,却并不吸引人。因为这些行业的技术更新得很快,而且这些岗位似乎不会带来日后的职业提升。这些工作不被人们长期看好的另一个原因是,雇主每年都可以去大学校园雇到拥有更新技能的毕业生。

大学教育将是许多家庭最大的开销,这个事实已经不是什么新鲜事,尽管现在越来越多的家庭确实如此。新鲜的是大学教育还有可能成为每个家庭最大的投资风险,这一方面是因为就业市场正变得越来越难以预测;另一方面是因为如果到头来找不到好工作的话,那么靠贷款上大学的这种新方式就会极大地增加风险。作出是否上大学的决定可不是一个押宝游戏。我们可以通过了解有哪些重要的因素会影响上大学的经济投入和产出,以便更好地分析出对某一特定学生而言大学教育是否将有回报。

上大学的那些事

美国的大学生历来比其他任何国家都要多。全美有 2 700 所四年制本科院校，差不多 4 000 所两年制专科学校。在大力提倡“后高中时代”的教育背景下，近年来出现了大批十多年前并不存在的类似于大学的机构，包括营利性大学、提供各种技能证书的职业学校、社区学院以及只提供副学士学位的初级学院。传统的四年制大学提供高度专业化的学士学位，诸如健康护理、财务管理、娱乐场行政管理等等。本书重点关注四年制大学的学位课程，但有必要指出相当一部分学生上的是其他类型的大学。

高等教育的支持者喜欢说：如果你想获得成功，上大学一定会助你一臂之力，因为世界上最古老的机构就属大学了。像巴黎大学、博洛尼亚大学（University of Bologna）、牛津大学等都有近千年的历史。一家企业倒闭了不会引发多少关注，当然类似于安然（Enron）这样的大型公司除外，但很少有人看到一所大学倒闭关门。许多办不下去的是那些最近几年才开办、以营利为目的的大学，像考林西恩教育集团（Corinthian Colleges）迫于政府监管部门的压力，在 2014 年关闭了集团下属的多个校区。

过去的几十年，生意场发生了快速变化。如果 1955 年斯隆·威尔逊（Sloan Wilson）的畅销书《穿灰色法兰绒套装的男人》（*The Man in the Grey Flannel Suit*）中的主角汤姆·拉斯（Tom Rath）走进今天谷歌或苹果公司的办公室，他一定会感到手足无措、困惑不解。但如果让一名 100 年前耶鲁大学的学生走进今天的校园,除了需要适应许多电子产品,他一定会有一种回到家的感觉:宿舍、学术报告、俱乐部、体育运动,以及许多连标题乃至内容已经沿用了好几代都没有改变的课程。缺乏变化是许多大学引以为豪的地方。

但是,四年制寄宿学校的传统办学模式正发生着改变。学生在课堂上学习固定的学术课程,同时也从同龄人那里学习生活课程。这些变化在学生毕业时处理学习经历和就业市场之间的关系时表现得一清二楚。

一战以前,只有那些家庭富裕的孩子才有机会上大学。大学毕业意味着你出身名门,已经功成名就。直到 19 世纪晚期,一些慈善家开始创办新的大学,才改变了这种模式——比如约翰·D.洛克菲勒(John D. Rockefeller)创办的芝加哥大学,还有一系列与创办者同名的学校,像康奈尔(Cornell)、杜克(Duke)、卡内基·梅隆(Carnegie Mellon)等。1862 年的受《莫里尔法案》(*Morrill Act*)影响,诞生了州立大学,尽管大学入学注册人数相对来说还是很少。直到二战结束后,当《退伍军人权利法案》为那些复员老兵支付大学费用,大学的注册人数才开始激增。不久以后,各州大力改革大学制度,维持低学费以确保任何有能力与想上大学的高中毕业生都能上得起大学。

那时候的“教育—职业”模式非常简单,我们可以把它看成一条通道,因为其中的路径一目了然,可以预测:高中阶段取得好成绩,然后申请上大学。如果够幸运的话,直接进入州立重点大学。四年后毕业,然后排队去见雇主,他们会雇用你,让你一辈子为他打工。至少在 20 世纪 60 年代，就业岗位远远超过毕业生人数，所以公司都忙着去招聘毕业生，特别是优秀毕业生。《财富》（*Fortune*）杂志描述了 1948 年时的场景：那些在大学校园里来回巡游以期发现公司未来行政管理人才的猎头（行话称为“象牙塔里面的猎头”）抱怨人才市场从未如此扑朔迷离，难以控制。较之 1941 年，市场价格至少翻了一倍，而且很难招到大学生。[4] 就像 20 世纪 90 年代的互联网时代，在当时疯狂招聘员工的背景下，公司派出最精明强干的行政员去招聘大学生，给他们提供乡村俱乐部会员资格和豪华轿车接送服务，以吸引他们应聘。不过，公司这样做也是物有所值，因为这些新招聘的员工会一辈子待在公司。同时对员工本人而言也是投桃报李，终有回报。

20 世纪 70 年代，劳动力市场对大学生的需求开始出现大幅松动，部分原因是当时正好赶上婴儿出生高峰期的大学生大量涌入劳动市场。尽管如此，雇主雇用有潜质的毕业生以及培训新员工以备长期使用的基本模式仍然存在。80 年代早期，随着公司的大规模重组，大量员工被裁员，原来终身雇用制模式被削弱了，但是“大学—职业”模式还是清晰可辨的。公司裁掉那些上了年纪的白领员工，但还是需要从大学招聘新的毕业生。

接下来会发生什么？我在《职场新套路》（*The New Deal at Work*）一书中做了描述。那些正在裁员的公司也反省自身：为什么还要花费高额费用去招聘、培训和发展新员工？裁员造成了大量有经验的白领求职者供过于求，这一点对于那些正热衷于雇人的公司是场盛宴，同时也是对早期“培养自己的员工”这种模式的替代。商业界新宠硅谷推出的新商业模式，搅乱了用人市场：只有当公司需要的时候才去招聘熟练的技术工人，一旦不需要了，就让他们立马走人。像美国 IBM、通用电气公司（GE）和惠普等公司仍然花费巨额费用来培训员工，所以它们成了那些不愿意投资培训员工的公司招聘的基地。许多这样的公司开始反思自己的内部培训机制是否还有价值。有一位 CEO 曾告诉我："既然竞争对手乐意帮我培训员工，我为什么还要自己去做呢？"[5]

这种变化产生了两种结果。其一是大学毕业生的入职门槛普遍下降。公司不指望他们有任何实际的工作技能，公司职位的空缺往往是从公司内部去填补。一些大型公司的数据显示：几十年前，公司 90%左右的开放型职位空缺是通过对现有员工的提升或调动来填补的。其余 10%的入门级工作岗位则是招收近期毕业的高中生或大学生来填补的。然而，就在 2008 年经济大衰退前夕，那些大公司只有大约 28%的空缺职位是从内部来填补。当出现空位时，公司总是从外面招聘那些已经从事过这种工作或有类似工作经验的求职者。

由于大部分员工是从外面招聘的，因而每一位员工受雇于同一雇主的平均时间大为缩短，这也就不奇怪了。根据劳工部的统计，2000 年一名员工受雇于同一位老板的时间下降到 3 年半左右。随后由于经济下滑，资历较浅的员工遭到解雇又没有招到新员工，员工的任职期才大幅延长。我的同事马修·比德威尔（Matthew Bidwell）的调查显示：最近几十年，在那些提供长远职业规划的大公司里，员工任职期缩短的现象表现得特别严重。[6]

另外一种结果和培训有关。二战后，雇主一般都会对新招聘的大学毕业生进行几年的在职培训。这些培训最开始是让新员工在教室里学习经商和管理的基础知识，或是其他行业类似的课程，然后过渡到短期的岗位实习。这种实习会让新员工接触和经历各种行业领域，包括在今天看起来都非常前沿的指导、训练等其他相关实践。

目前，我们手上关于美国雇主提供培训的信息资料极度匮乏，或许算得上是发达国家之中最少的。已有资料显示，1979 年年轻员工平均每年接受两周半的培训。到 1991 年，美国人口普查显示，当年只有 17%的员工接受过正式的培训。1995 年对雇主的几次调查显示，大约 42%的雇主提供可称为系统的培训，90%的雇主声称至少针对某个员工进行过培训，每位员工平均每年接受培训的时间不足 11 个小时。关于培训最常见的话题是工作场所的安全问题[7]，还包括培训当有人提出“如何使用这台复印机”时，提供新设备的卖主该如何回答等诸如此类的问题。

这些数据至今大约有 20 年之久了，此后政府渠道几乎没有提供任何新的数据。2011 年，埃森哲咨询公司（Accenture）调查了美国员工的培训情况，结果发现只有 21%的员工在过去的五年间接受过由雇主提供的正规培训。这就意味着有近 80%员工在五年之内没有接受过任何培训。毫无疑问，他们中的许多人在这之前也没有接受过任何培训。欧洲，一个被认为有很多培训的地方，许多培训项目是强制性的，但是也有大约 1/3 的雇主声称不提供任何培训。他们给出的主要理由是：他们要雇用的都是有技术的工人，所以不需要再去培训员工。雇用有技术的员工这种观念正改变着大学与工厂之间的关系。[8]

雇主继续去大学校园招聘毕业生。由于他们不再从内部员工中通过升职的方式填补公司的空缺岗位，因而对这些构成公司人才需求金字塔基石的新入职人员的要求也就没有那么高。应聘时，毕业生身上的潜质不是关键因素，因为雇主根本就没打算把他们培养成公司未来的管理层。像宝洁公司这样仍然计划从新入职的员工中培养未来人才的公司已经屈指可数。

如今，雇主想从大学毕业生身上得到的和他们想从那些离开学校多年的求职者身上得到的东西是一样的，那就是工作技能和能够马上回报公司的能力。这种变化是根本性的，这就是为什么如今大学毕业后想找一份好工作是如此艰难。

尽管一个世纪前的耶鲁大学毕业生如今重回耶鲁校园会感到很舒服，但高等教育整体上已经发生了变化，特别是自 20 世纪 70 年代以来，加速了管道模式（pipeline model）的崩溃，其中重要的变化之一是取而代之的多种继续教育选择方式的兴起。资格证书主要聚焦于职业技能，虽然没有学术文凭要求那么严格，但其重要性与日俱增，由大学颁发的资格证书的数量远远超过两年制学位文凭的数量。如果再加上像微软这种有自己知识体系的公司或行业协会提供的知识与技能证书，资格证书的数量将使学位文凭相形见绌。这些资格证书就是工作技能的证明，在某种程度上可以取代学位文凭。

在大学方面，自 20 世纪 70 年代初期以来，学士学位的数量已经增加了两倍（见表 1.1）。但与两年制副学士学位数量的增长速度相比，就是小巫见大巫了。相比四年制学位而言，这些学位往往更职业化。另一方面，硕士学位数量的增速比学士学位要快得多，而且也更加关注就业。如今，1/3 的硕士学位都与商务及贸易有关，其中大部分高度聚焦于职场和就业，比如"争端仲裁""电子商务技术"等。

表 1.1　1970—1971 年到 2010—2011 年期间（特定年份）授予的高等学位一览表

年份	资格证书	副学士学位	学士学位	硕士学位	博士学位
1970—1971	—	252 311	839 730	235 564	64 998
1980—1981	—	416 377	935 140	302 637	98 016
1990—1991	—	481 720	1 094 538	342 863	105 547
2000—2001	552 503	578 865	1 244 171	473 502	119 585
2005—2006	715 401	713 066	1 485 242	599 731	138 056
2010—2011	1 029 557	942 327	1 715 913	730 635	163 765

数据来源：College Board, *How College Shapes Lives*, 2013

副学士学位数量近年来暴增的一个原因是美国政府大规模削减了高中阶段的职业教育。然而特别是对于规模较小的雇主而言，那些至少掌握基本贸易技能的员工的主要来源之一是职业教育。自 1990 年以来，职业教育的课程一下子大幅减少。而在所有的职业教育中，工业艺术课程减少得特别快，其中包括熟练的贸易技术和其他机械技术类课程。从 2000 至 2005 年这五年期间,每个学生在这门科目上的平均学分数量下降了 5%。在所有工业化国家的初等教育中,美国的职业化教育所占的比例是最小的。

学徒课程也在缩减,很大一部分原因是负责这些课程的行会本身在衰退。劳工部有关资料显示,从 2002 至 2012 年期间,学徒课程缩减严重(从大约 33 000 门课程减到大约 21 000 门课程),而学徒员工的数量更是缩减得厉害(从 2003 年的大约 50 万人缩减到 2012 年的大约 28 万人)。这些课程每年培养出大约五万名毕业生,这个数量对于 1.6 亿的劳动力大军而言微不足道,只不过是沧海之一粟。

这发人深省吗?现如今,如果你想成为一名电工或是从事其他任何手工职业,或许只有去上大学才能获得相关技能。不像职业教育或学徒课程,在大学开始之前你就得为这些技能课程付钱。这一变化的主要受益者是那种以营利为目的的大学,这些学校精确地瞄准了基于课程的合适职业。

即使我们把那些在大学里只是为了获取资格证书而不是学历文凭的学生排除在外,年轻大学生的比例也还在上升。2006 年,37%的 18 至 24 岁的学生就读于某种基于学历教育的学校。到 2012 年,这个数字上升到 41%。2009 年有 70%的高中毕业生选择上大学,创美国历史上大学入学人数之最。[9]这个数字如何转化成大学毕业率是一个很难回答的问题,稍后我会细加分析,还会把这些数字和其他国家相关的数字相比较。

去哪里上大学也已经发生了变化。1970 年，大约有一半的学生选择上州立大学。到 2010 年，这个数字下降到 39%。私立大学的重要性已不复存在，同期学生的入学率从 24% 下降到 18%。那么，是哪些学校取代了这些大学呢？超过 10% 的学生选择上 40 年前很少有的营利性大学。还有，前文提到的两年制大学，尤其是社区大学，近年来发展势头强劲。现如今，上大学不再仅仅意味着在一所枝繁叶茂的大学校园里度过四年时间，更像在一栋复合式办公楼的某个地方偶尔上几堂课。

对于那些仍然上传统四年制大学的学生而言，入学和毕业的途径已经发生变化。那种在一所学校待四年然后毕业的观念已经不多见了。20 世纪 90 年代，大约有一半毕业生似乎上了不止一所大学，[10] 种种迹象表明从那时起这个数字就已经开始增长了。学生穿梭在各所大学之间，这对今后的就业市场意义非凡。转到更好的学校确实有帮助，但不如一直待在一所学校。我们似乎要一直随身带着上第一所大学时的行李，无论这所学校是好还是不好。

如今，学生和家长在为大学付费时，最大的担心或许是毕业率的下滑。近年来，只有不到 40% 的四年全日制学生可以如期毕业，六年制学生毕业率也低得出乎意料，不到 60%。这个数字在私立大学稍好一些（65%），在营利性大学就更差了（42%）。[11] 对于那些怀疑上大学是否有回报的人来说，这就是问题的关键所在：如果不能如期毕业，就很难有回报，然而恰恰有许多人不能如期毕业。对于那些确信自己的孩子四年后能够如期毕业的家长而言,依我的个人经验可以告诉你们:愿望是一回事,现实又是另外一回事。很多事情不是孩子能掌控的,这一点稍后会谈到。

毕业率总体下滑的部分原因和上学费用有关。2/3 的大学生说他们边上学边打工。20 世纪 70 年代开始,美国中产阶级和低收入家庭的收入开始下降,随之而来的却是大学费用的增加,这使得许多家庭的支付变得异常艰难。如今,62%的大学生声称自己边上学边打工,大约 40%的学生从事的是一份可以称之为全职的工作——每周工作超过 35 个小时。[13]其他许多学生在全职上班和集中一段时间上几门课之间轮流转换。

业余兼职的学生太多了,因而很难知道谁已经辍学,谁还在坚持上学。不过总体而言,学生总是能够返回学校,有必要的话他们会花上数十年时间读完大学课程。同其他许多国家相比,这是美国教育模式与众不同的吸引人的地方之一。在许多国家,上大学是读完高中以后立马就要进行的一项全日制活动。你要么好好上学,要么失去上大学的机会。如果你中途退学,很可能一切就结束了。

许多传统的四年制大学为非全日制学生设置了许多特殊课程,但是这些学生和全日制学生是被区别对待的。举个例子,据说哈佛大学非全日制学士课程的毕业生比其大名鼎鼎的全日制毕业生还要多。这些非全日制学生毕业后,其中许多人很可能会再回到他们原来兼职过的地方,因为他们不能像全日制毕业生那样进入相同的就业市场。类似的这种非全日制课程不可能真正替代全日制课程,但或许是许多学生的唯一选择。

如今，对于那些全日制学生而言，通往毕业的道路变得扑朔迷离。为了确保完成那些单一的专业课程所产生的困难，经常会使得完成学位延期。所有那些能在校园或其他地方提供经验的创新性专业课程，在整个课程体系中添加了复杂性。正如我的同事罗伯特·泽姆斯基（Robert Zemsky）指出，这些复杂性增加了整个系统的不确定性。[14]生物工程专业听起来很棒，后来才发现现有岗位已经招满了工程专业的毕业生，因为工程学位的学生有优先选择权。如果你选择出国留学一年，就得和对方学校协商哪些课程的学分是相互认可的。不付薪的实习也会遇到相同的问题——学校会为实习提供学术学分吗？如果你在考虑大学教育的经济回报，那么取得学位所花时间越长，上学成本就会越贵，而赢得回报的时间就越短。

毕业率早在几十年前就已经开始下滑，在 1972 至 1992 年期间进一步下滑，特别对于男性毕业生和籍籍无名的学校而言，情况尤为严重。其中的部分原因是现在的学生没有以往的学生那样准备充分。无疑，现在许多大学生是以前没有申请过学校或没被录取的。还有部分原因是那些学校少有人问津，以及他们糟糕的教学质量。[15]到 2011 年，毕业率开始大幅回升——或许是糟糕的就业市场使得更多的学生在经济大衰退期间选择留在学校，或者是更多处于辍学边缘的学生走出校门——但整体上毕业率还是出人意料的低。

计算毕业率的方法

加州大学洛杉矶分校（UCLA）的高等教育研究院数十年来一直在跟踪全国大一新生的学习经历，并应用这些数据编制了一套计算公式。该公式能估算出一个入学班级学生，甚至是一个学生在进入一所全日制四年大学时，他在四年、五年或是六年之后能否按期毕业的可能性。该计算基于学生的性别、种族、高中阶段的表现，以及学术能力评估测试（SAT）或美国大学入学考试（ACT）的考试分数等。计算结果发人深省。可以登录以下网址进行计算：http://www.heri.ucla.edu/GradRateCalculator.php。

至少还有一些学生完成不了学业，原因之一是他们在学习成绩上没能达到大学课程的要求。2000 年，在美国大约有 26%的大一学生接受了本该在高中阶段就学完的补习课程。到 2008 年，这一数字下降到 20%左右。看起来似乎在进步，但我们不能确定参加补习课程人数的减少是否就一定反映出这些课程的必要性在下降。怀疑这一点的原因是大部分的课程减少都发生在公立大学，这些学校会压缩这些科目，很可能是缘于整体上的政治压力和经费控制，而非真正的需求在下降。[16]

旧模式的另一个变化和大学录取率有关。现在上大学比过去要难吗？看起来社会把所有焦虑都集中在了申请入学这个环节上，至少对于中产阶级家庭是这样的。确实，现在想要进一些名牌大学要困难许多，部分原因是许多外国学生也被允许进入这些名校。对于这些名校而言，现在的入学竞争实际上是全球范围的竞争（见数据 1.1）。

数据 1.1　校园危机

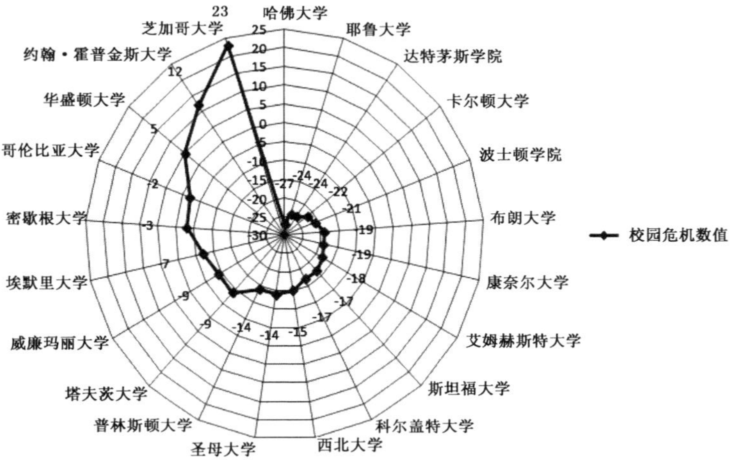

注释：图中的百分比数字代表 1994 至 2012 年间各所大学在校生中美国学生的数量变化（基数为每十万名年龄在 18 至 21 岁之间的美国人）。这些名校在过去 20 年间增加了招收外国学生的数量，导致美国学生数量下降，尽管同期美国学生的入学率在上升。

图中数字根据大学入学率变化而调整。

数据来源：David Leonhardt, "Getting into the Ivy's," *New York Times*, April 27, 2014

在美国，一半的大学实际上是开放招生，只要你具有高中学历或同等学历就可以被录取，这一点很令人惊讶。当然，这样的学校大都是两年制专科学院，但 25%的四年制大学也开放招生。如果我们把那些只录取一半入学申请者的学校也考虑进去的话，只有 10%的学校符合这种情况。由于大部分对四年制院校感兴趣的学生会同时申请几所学校，50%的录取率并不算太挑剔。实际上，有人估计即使是那些选人最严格的学校，大约 80%提出申请的学生至少也能上其中的一所。

实际上，现在各高校一个常见的做法是花钱找代理人去负责招生，最终招收到更多的学生。招生代理人每成功向学校输送一名学生，他就能得到一份可称之为赏金的佣金。这种做法在海外国家最为常见，在那里这些美国高校并没有给这些人提供任何的办公场所，他们也没有得到真正的承认，但这种代理招生的做法在美国高校确实存在。

广告招生也不是什么新鲜事。数据 1.2 是 19 世纪哥伦比亚大学做的一则招生广告。这则广告反映了当时高校常见的做法：招揽生源，直至开学前的最后一刻。

数据 1.2　常春藤联盟院校招生广告

哥伦比亚大学

本校于 10 月 20 日(星期一)这一天正式开学，迎来第 118 个生日。

所有预录新生要求在 9 月 29 日(星期五)上午9:30准时在学校本部集合(学校本部地址：东街 49 号，即麦迪逊广场与第四大街之间)。

6 月份开始资格审查，满足条件的学生于 9 月 30 日(星期六)上午9:30来学校报到。

校长　F.A.P. 巴纳德(F.A.P. Barnard)

数据来源：Alison Leigh Cowan, "Remembering When College Was a Buyer's Bazaar," *New York Times*, March 31, 2011

早期四年制大学招生有一个奇怪现象，那就是招生范围的本地性：学生离开家乡去上大学的平均距离在 40 公里以内。后来，随着财务补贴的增多、学校招生市场的扩大，以及学校本身也愿意招收较远生源地的学生，有些学校甚至用助务补贴来吸引其中的优秀生源，招生范围的局限性才发生彻底改变。就拿我所在的宾夕法尼亚大学来说，20 世纪七八十年代的生源主要来自东部沿海各州，特别是纽约、新泽西州和宾夕法尼亚州；到了 90 年代，输送最多生源的是西部的加利福尼亚州。

市场化平衡了各校之间的入学申请。相比于 20 年前，现在增加了 200 万在校大学生，而四年制大学的数量则大体相同。斯坦福大学的卡罗琳 · 霍克斯比（Caroline Hoxby）经过计算得出，目前大约一半的美国学校实际上比 50 年前更不具有可选性。就选择性而言，学生越来越难申请进入前 10% 的顶尖名校，这不仅是因为国际申请入学者越来越多，还因为越来越多的国内学生了解并且愿意申请就读这些有着成熟市场、拥有知名品牌的学校。[19] 以往，很多更有能力的学生情愿去一所地方性大学。比方说，一些名校的 SAT 平均分要比几十年前高出 20%，尽管全国平均分几乎一直没有变化。

学校最大的变化是相关财富的变化，在某些方面的确如此。20 世纪 80 年代股票市场的复苏及 90 年代投资热潮的兴起，使私立大学取得了令人难以置信的蓬勃发展。目前，哈佛大学募集的捐款超过 350 亿美元，紧随其后的是耶鲁大学和普林斯顿大学，募集捐款都接近 200 亿美元。全美 1 300 余所可以授予学士学位的私立大学总资助全额的 43% 实际上被十所学校所掌控。[20]

这些学校资金雄厚，能为学生提供优质的学习条件：美丽的校园、丰富的校内外课程、优良的师资，以及更多的助学贷款。这些都能帮助学生免除后顾之忧。

另一方面，20 世纪六七十年代主宰高等教育的公立大学却因为各州财政投入的减少而受到挤压。光环褪去的部分原因是这些公立大学大幅提高学费来抵消政府的财政削减，以及他们的同城兄弟——私立大学的异军突起，后来居上。

学生的选择

关于大学的神话之一是，当今的大学生并不倾向于选择那些可以让其就业的专业领域，而是选择那些与就业无关的人文学科以及在就业市场找不到任何岗位的专业。很多学校的情况就是如此。就拿意大利来说，33.3%的有大学文凭的毕业生有可能找不到工作，这一数字甚至高于那些只有高中甚至更低学历的求职者（30.4%）。出现这一现象的部分原因是许多大学生所选择的专业是人文学科，而不是就业市场青睐的工程学或经济学。[21]

美国的情况并非如此。多年来学生选择的课程和专业虽然也发生了变化，但与一些行家所说的相反，他们的变化是为了迎合就业市场的需要。研究数据表明，学生确实转向了那些收入更高、对知识要求也更高的专业领域。[22]比如，现在选择读计算机科学专业的人数是 1970 年的 20 倍。法律执行和消防专业也是如此，因为这些专业可以更好地就业。1980 年，金融贸易成为最热门的专业，有 20%的学生填报，时至今日仍是如此。其他专业则萧条了，不仅仅是传统的文科专业（如英语和外国语等），还包括数学和物理等学科。后者的萧条与政府相关政策的改变大有关系：与苏联冷战期间，政府提供了大量资金大力发展理科课程，包括现在几乎不存在的课程，比如军事技术课程等。这些学科曾经繁荣一时，但随着苏联的解体，它们也随之暗淡。

一次旨在调查学生如何选择专业的研究发现，影响他们做决定的一个重要原因似乎是他们对于不同行业收入的了解程度。他们不可能一直都了解真实的行业收入是多少，而且当他们毕业时市场行情往往与他们的期望相差甚远，但他们还是会选读自认为有就业市场的专业。由于对就业市场缺乏了解，他们的选择往往错上加错。学生的选择也会基于自认为擅长的专业领域，这一点提醒我们学生在就业时存在一些能力上的局限。[23] 像专栏作家朗·沃尔夫（Ron Wolff）这样的行家都认为学生没有直接去选择有巨大回报的专业，比如石油工程专业[24]，但事实上学生正在尽力这样做。只不过他们跟不上市场的节奏，抓不住那些四年后或未来更长时间内会热门的专业。

一些错误的观念认为学生没有去追逐就业前景好的专业，这导致一些像佛罗里达州、德克萨斯州等州立法机构千方百计地推动学生去就读那些雇主说需要毕业生的专业。实际上，雇主并没有许诺一定要雇用毕业生，而政府推动学生就读某些专业的想法会让人觉得教育系统可以在某种程度上预测学生毕业时哪里有就业岗位，就像要求政府在经济领域能准确地预测经济形势和贸易需求一样，而这从来就不是政府部门的特长。

有人认为大学生只需选择那些能就业的专业，这种想法本身就意味着大学生容易受到外界的影响。比方说，只要有人引导，一个原本打算读历史专业的学生，很可能变成一名工程师。我们经常听到有人议论说理科（科学、技术、工程、数学）很重要，因此引导更多的学生选读这些专业何过之有呢？即使这些专业将来会有更多的就业机会，问题是就算他们对这些科目感兴趣，也并非所有学生都能学好。如果他们能学好，难道那些有前途的历史专业就一定会比普通的工程专业要好吗？雇主说想要招更多的工程师，能判定他们只是要招有学位的人，还是要招那些真正有能力、能自己作出选择的出色工程师呢？历史专业比应用材料专业更好的观点本身就很值得探讨，尽管后者在初次就业时更有用，特别是如果我们在意学生第一份工作的个体经历。

上大学对我们的认知能力提出更多要求，这一点是大多数人在生活中看不到的，而这些要求的本质随着学科的不同而相差甚远。与大学专业相关的高级课程对这些能力的要求更高。一门物理、逻辑或法国文学的高级本科课程要求学生在每个领域都有真才实学，就像这些专业的毕业生那样。因此，不是任何学生都能学好任何专业。

并非每一门专业对能力的要求都一样，也并非每一门专业都能把我们的思维能力发展到相同程度。就对学生的知识要求而言，那些教行业入门内容的应用型课程往往很简单。比方说，学习医疗护理中的一些常规知识细节对于该行业的初级工作而言是基础而且重要的，但这些简单易懂的记忆内容再过一年左右就会被新知识所取代。

文科历来被那些认为教育应该教有用技能的提议者所取笑，但是文科教育可以培养出最出色的人才，以及对任何专业的学生提出学习要求。因为文科的分布必修型课程意味着学生必须掌握跨学科的能力，包括科学和数学方面的技术训练。这些训练不仅在概念上挑战巨大，而且彼此之间相异甚大。

简而言之，不是说读文科会有丰厚的经济回报，而是说学那些应用型极强、以职业为导向的专业也不能保证有回报，尽管这些专业都信誓旦旦。文科专业的培养目标与众不同，但看起来更准确：丰富你的生活，给你提供延伸到任何单一职业之外的人生阅历。几百年来的经验也充分证明了这一点。

教师们把自己的孩子送往哪些学校？

一项有趣的研究是比较大约 4 700 名大学教师子女和相同数量的非大学教师子女大学志愿的选择问题，其中不包括那些选读父母所在大学的学生。通常情况下，人们认为教师子女会就读更有名的大学，这一点本不足为奇。令人惊讶的是，他们却更愿意去读规模更小的文科大学。或许教师知道一些文科批判者所不知道的东西。[25]

接下来谈谈上大学的费用问题。对于上一代的父母而言，上大学最重要的变化或许是急剧上涨的学费。在过去 20 年左右的时间里，大学学费的上涨比总生活费用的上涨快了四倍。一谈到学费上涨,媒体总是把矛头指向一些著名的私立大学,实际上学费涨得最快的是公办州立大学。由于州政府财政缩减,学费上涨。学校可以自筹资金,特别是公办学校收费的起点水平很低:相比于私立学校,公办大学的学费仍然有一定的上涨空间,而且学生和家长也愿意支付较高的学费。在那些择优录取的学校,学费的上涨有助于学校购买更好的设备,从而提高办学条件,吸引更多更好的优质生源。

许多哀叹现在上大学费用的人喜欢引用纽约城市大学城市学院(The City Colleges of New York)的例子。当时这所大学不收学费,而且对所有拥有高中文凭的人开放注册。课堂教学要求很高,许多学生被迫中途退学,但是留下来并升上高一年级的学生所得到的机会是不同的。这所学校的收费经历可谓一波三折。始于 1909 年的夜校是收学费的,尽管收费标准在当时来说是相当低的。如果学生在夜校成绩出色,可以转到免费的白天课程班。直到 1970 年,学校才开始对所有学生免学费,但这仅仅持续到 1976 年。危险的财政状况使得纽约州政府接管了这所大学,然后强制实施了标准学费和助学贷款制度。[26]

现在上大学比过去要多花很多钱,而且在下一章我们将看到付钱的方式也发生了变化,那就是更多的学生通过借更多的钱来完成学业。学生助学贷款的增加极大改变了上大学的回报。一个家庭能否送得起孩子上大学已经不再是一个简单的问题。如今,这个问题关系到如果大学生毕业后找不到好工作,那么他们的将来就会因助学贷款而变得困难重重,前途黯淡。

为什么现在作出上大学的决定要困难得多？

总体来说，虽然现在四年制大学教育的核心内容和几代之前大同小异，但是上大学的经历已经完全改变了。传统的核心内容在如今大学经历中所占比重已经很少了。更多的学生半工半读，大多数全日制学生要花上不止四年的时间才能毕业。许多学生选择上那些高度职业化的、以营利为目标的学校，还有些学生去上两年制的学校以获取资格证书而不是学历文凭。学生的选择更多，成功之路更多，同时失败之路也更多。学费更贵，这就意味着失败造成的后果会更糟糕。所有这一切都使得现在作出上大学的决定比以往任何时候都更艰难，风险更大。

对于许多家庭而言，送孩子上大学将是他们所作出的最昂贵的投资。许多家长冒着牺牲家庭财政甚至自己退休生活的风险举债送孩子上大学。这是一场豪赌，学费和助学贷款显然影响着这场豪赌的结局，但还有一个最直接的因素影响着这个决定：就像买车一样，大部分人不仅仅要付学校明码标价的学费，不到真正地去申请并被录取的那一刻你都不知道最终的学费是多少。这才是影响这一决定的明显而关键的因素。

大部分人不太明白的事实是如果上大学后不能毕业（很多人不能毕业），那么上大学的投资就是竹篮子打水一场空。美国是世界上大学毕业率最低的国家之一。如果学生延期毕业，最终又只有少数学生能如期毕业，那么上大学的投资回报也会大打折扣。

毕业率和取得学位的时间都不是随机的,这在不同学校之间差别很大,我们既可以计算出来也可以预测。因此上述因素在决定某个特别的专业学位是否有回报方面至关重要。

另一个新的影响因素和就业市场有关,而这又恰恰是错误信息最集中的地方。即使学生能按期毕业,他们所学的专业也不能有预见性地保证他们就能找到和几十年前一样好的工作。尽管政府一再敦促经济领域需要更多的大学毕业生,但听到这些新闻的人都了解这个事实:近年来大学生在就业市场不仅仅是找一份好工作困难,而是找任何工作都不容易。

前任总统比尔·克林顿喜欢谈论技能和高薪之间的关系:"越来越多拥有专门技能的人找到了好工作。"[27]他又进一步指出上大学是获得那些技能的途径。虽然某些行业刚毕业的大学生获取高薪是事实,准确地说这些丰厚回报的唯一原因是几年前人们无法预测这些行业会红火,所以暂时出现人才供不应求的局面。这是市场供求关系的体现。2014 年,收入最高的专业是石油工程,许多观察家都把它作为专业技能取得丰厚回报的例子。然而,他们闭口不谈的是读石油工程专业也不总是能有这么好的回报,它是随着石油价格的上升而出现了井喷的行情。而在 20 世纪 80 年代,这个专业的毕业生根本就找不到工作。自 21 世纪第一个十年末期开始,石油工程专业的注册人数增多了三倍,仅在 2011 至 2012 年期间就增长了 55%。培养这一专业的校方人士不无准确地判断供大于求会使这个行业的收入锐减,不久的将来这个专业又会风光不再。[28]

现在说想要招聘某个专业毕业生的雇主，并没有保证当这些学生毕业时还一定会雇用他们。雇主知道无法预估市场以便预测什么技能在四五年后会吃香，因此他们永远不会作出上述承诺。他们想要学生自己作出承诺并且自担风险。

我们将在第四章看到，承担这种风险的一个巨大缺陷是现在的雇主想从毕业生身上获取的是工作技能，而除了像石油工程和 IT 等几个专业，大学教育几乎都不可能培养学生的行业技能。

大学教育的一个巨大变化表现在专业和学位的职业化，至少在名称上是这样的，如“音乐疗法”“法务会计”等。这些专业听起来似乎在培养学生的工作技能，能让学生毕业后马上就业。然而，雇主是否真的看重学生所学的知识呢？这本身就是一个开放性问题。就拿就业率来说，数据很难说明什么问题，我们从雇主那里反馈的信息所能知道的就是他们并不太在意学生所具有的学术技能。或许学历本身就是学生找工作时的敲门砖而已，只是他们进入职场求职的一个必要条件。

一个讨论大学生就业时常被忽略的问题是：讨论的焦点总是集中在他们的第一份工作。第一份工作固然很重要，但并不能预测今后职业走向的风向标。目前，第一份热门的高薪工作诸如工程建设和 IT 等，也曾经因为昙花一现而遭人唾弃。技术更新得很快，尤其在信息技术行业，技能要求更是如此。雇主重返大学校园招聘应届毕业生以满足那些岗位的技术要求，其真实原因是这些行业五年前的毕业生如今已经没有多少利用价值了。几十年前一些大型公司的技术人才会转岗到管理岗位，但是现在这种情况已经很少发生了。

可以问自己一个问题：如果你应邀出席一个成功中产阶级聚集的乡村俱乐部或其他类似的聚会，环顾四周，你猜会发现周围有多少人是工程师、生物学家或数学家呢？

一个人的职业是一个长期乃至贯穿其一生的发展过程。其间要考虑的成本之一是何时去选择那些在初次就业时对于雇主来说既高度实用又具有潜在吸引力的课程，而这些课程在今后的职业发展中既可以被替换又很实用。毕竟，这样的选择不像是读懂一份《健康保险流通与责任法案》（HIPPA）报告或开一瓶啤酒那么简单。我们可以选择那些不怎么实用但更基础的学科，比如如何了解或思考历史等。至少有一些证据表明，那些仅帮助学生找到第一份工作、短期聚焦实用性的课程对他们更长期的职业发展会产生消极影响。

糟糕的是，即使是对于一般学生而言也还没有一条证据能显示大学学历将如何有所回报，更别说对那些我们最关注的学生来说也是如此。普通大学毕业生工资和普通高中毕业生工资之间的差距，经常作为一劳永逸的证据被用来支持大学教育终有回报的观点。当然，相比以往，在某种程度上，现在这种差距正在拉大。按照常规思维理解这就是大学教育的回报，但是常规思维本身往往存在很大的问题。

问题的第一点很明显，那就是个别发生的事情总是比平均发生的事情重要得多。而对于上大学产生的结果而言，有许多引人注目的极端个例。上大学存在许多不确定因素。一些毕业于名校、就读热门专业的学生毕业后在工作岗位上干得风生水起，至少对于第一份工作而言是这样的。还有些学生毕业后找的工作是他们上大学之前一直在干的活。大学教育的结果存在很大风险，而承担这一风险的是家庭不是保险公司。因此，较高风险的结果对于他们而言是一种负担，所以更好地了解有关导致大学教育回报不确定性因素的信息，对于控制风险、减轻负担是极其重要的。

问题的第二点则是警告人们，证明读大学有丰厚回报的事例都是历史老账了，因为这些主要证据的数据来源是基于数十年前大学毕业、收入较高人士的平均水平。实际上，若干年后这个数据一直是变化的。或许有一点不同的是，美国的大学生并不总是比高中生赚得多，而且也没有什么能保证他们将来也一直会比高中生赚得多。还有些国家的大学生不愿意接受他们在上大学之前就能做的工作，因此他们的就业情况实际上比作为竞争对手的高中生要差很多。

拿到学位就能轻松挣大钱，这不是大学教育正确的回报方式，因为上大学既花钱又耗时。对于雇主而言，刚毕业的大学生比刚毕业的高中生要更成熟，更有价值，因为前者比后者至少要大四岁，而这四年是他们人生发生巨大变化的一段时期。对大学教育真正的考验是高收入是否足以抵消上学的时间和经济方面的投入。按照这一标准,大学教育的回报看起来并不乐观。实际上,许多大学的经济回报往往令人沮丧:负债累累上完大学,特别是如果找不到好工作的话,债务将可能伴随终生。学生就读这样的学校如果想取得投资回报的话,最佳选择就是尽早终止学业,离开学校。

校与校之间的教育结果千差万别,因人而异。在本书的余下章节,我将逐一梳理那些决定大学教育是否有回报的重要因素。

关于上大学的常规思维是上最负盛名的大学,这将使你前途无量。毕业于名校的学生总体而言表现都非常出色。然而,事实表明情况并非那么简单。这些毕业于名校的学生如果选读一所没那么出色的名校,有可能也会干得很好。况且,现在想进那些最著名的院校比以往要困难得多,而想就读那些名声次一些的学校则要容易得多。

处于夹缝中的大学

大学正处于失衡的供给链之中。一方面,信息技术行业的雇主招不到他们想要的员工时会大声抱怨,尽管他们的具体需求如此不可预测而且他们从不许诺会雇用任何人;另一方面,着急的父母想要得到一些保证,承诺他们孩子的教育投资最终会带来一份好的工作。经年累月,这样的保证遥遥无期。申请上大学的青年学子在整个过程中茫然不知所措（有人曾揶揄取笑说，一个学生申请某所大学是否成功，最好的预测是看他参观这所大学校园的当天天气是否晴朗，还有领他参观校园的向导态度是否友好）。

针对这种局面，各所大学作出了不同反应。学校的首要兴趣点在于保持入学率的上升，所以他们重点要让学生和家长相信学生毕业时学校可以提供就业。凭着对雇主需求的猜测，各所大学设置了大量非常具体实用的学位课程，而且希望雇主也能喜欢这些课程并雇用学完这些课程的学生。

例如，堪萨斯州的烘焙科学学位课程，俄亥俄州和普渡大学（Purdue University）的草坪及其管理课程，俄克拉荷马州和其他学校的防火工程课程，尤蒂卡学院（Utica College）的经济犯罪调查课程……这个名单可以无休止地列下去——记住这些都是四年制学士学位课程。以实训为导向而闻名的德雷塞尔大学（Drexel University）开设了80门本科专业，而它附近一所更传统的威得恩大学（Widener University）则有60门本科专业。这些专业绝大部分听起来都非常实用：电影剧本创作、物流管理、电视剧创作等等，因为这些专业名称本身听起来就像是一份工作。

至于这些实用性专业，如娱乐场管理或居民健康档案管理能否真的为学生带来就业，大部分学校的态度都非常模棱两可，含糊不清。他们会让你自己从学校的招生广告中得出推论。比如，德锐大学（DeVry University）是这样做招生宣传的："每一年，我校上千名毕业生都能在各自的专业领域找到理想的就业岗位。"[29]

类似的广告司空见惯

一则来自斯特雷耶大学(Strayer University)的招生广告写道:"斯特雷耶大学的学士学位可以向您提供一份全新的工作和获得晋升的机会。如今,许多雇主都在招聘具有管理水平的本科毕业生。我们的校园课堂和在线课堂都聚焦于您就业时所需的知识和技能。我们的学术顾问会在您毕业之前帮助您在所选定的专业领域里取得进步。本校的本科专业开设有广泛的理科学士课程,详情请登录 http://www. strayer. edu./degrees/bachelors#sthash.QY6qPfJW.dpuf。"

作为一个负责任的投资者,你确实需要做一番深入细致的市场调研来证明这样的广告是否真实可信。你需要获取以往的市场材料,看一看最近几届某个专业毕业生就业的真实数据,了解目前是哪些行业的雇主在招聘新人,等等。

比如德锐大学,全美声誉最好的营利性教育机构之一,也是一家对学生的实习岗位作出数据分析的教育机构。报道说 10% 的传播学专业毕业生在毕业后六个月内全都找到了与专业相关的工作。这一数据是基于对毕业生的义务调查得出的,而实际情况是在 8 000 位本科毕业生中只有八位传播学专业的毕业生作出了回答。这一数据当然没有包括毕业六个月后没能在相关领域找到工作的学生,但包括了在开始就读这个专业之前就已经找到工作的学生,而且"相关领域"这个概念也不明确。[30]基于上述信息,你会通过掷骰子的方式来决定是否选读传播学专业吗?全美高校和雇主协会,一个非营利的研究组织,报道称同年全国只有6.5%的传播学专业毕业生找到了相关领域的工作。[31]

这些特定的职业化专业在变幻莫测的就业市场中也不可能独善其身而不受影响。实际上，应用性太强的专业提高了学生就业时的风险。如果你毕业那年正赶上博彩业红火，那么你读的娱乐场管理专业一定会成为市场的香饽饽。反之，你的处境将会很糟糕，甚至找不到第一份工作，因为你读的专业相对于雇主而言实在是太单一了，在其他地方根本找不到工作。

我的一位朋友之前决定读法庭书记员这门课程。课程总花费超过五万美元，而且要几年才能读完。当他毕业时，法院系统停止招收新的书记员岗位，结果他没能找到事干。他所学的那些技能在别处毫无用处，又不可能另谋职业，所以最终的选择是要么等书记员岗位出现新的空缺，要么让这笔投资打水漂，改行做别的事情。

还有一点也很重要，那就是要记住职业生涯是一场马拉松长跑，而非短距离冲刺。毕业后找到一份好工作固然重要，但如果这份工作不能持久，那么你所学的专业也不可能给你带来多少回报。长久以来，IT专业毕业生都知道这个行业的雇主会付高薪聘请一位有熟练编程技术的毕业生，但这些工作就职业生涯而言是短命的，任职者要么主动辞职，要么五年以后就会被挤出这个行业。这就是为什么大量的IT专业学生会转行去做咨询或贸易，而不是做IT业。

把职业生涯看成一场马拉松长跑，意味着你要仔细想好在大学所学的东西从长远来看是否有回报。因为上大学的时间毕竟有限,你要在两类课程中作出明确的抉择:要么选就业时能有立竿见影作用的课程,比如说学一门专门的编程语言;要么选那些从长远来说将会对你有回报的课程。了解如何辨别观点的好坏,理解人类的行为,感知社会的变革,这些才是雇主真正想要的技能,特别是从长远来说更是如此。

为什么上大学应该有所回报?

到目前为止,种种假定都认为上大学是值得的,因为大学可以给学生提供有价值的技能。新生就像一块块黏土,大学把他们塑造成一个个有用之才。人人都知道上大学的重要性,尤其是都认为上大学是通往成功之路。在对高中生及其家长的多次讲话中,前任总统比尔·克林顿喜欢指出大学生的失业率是那些没上过大学的一半。[32]

许多人对大学教育必定有回报的观念提出了警告。然而,目前大学生平均要比高中生挣的钱多却是一个不争的事实。为什么会这样呢?

关于这一点,有两个既重要又截然不同的因素需要认真考虑。第一个是关于人力资本的问题,即我们应该把教育投资宽泛地定义为和其他领域的投资一样:既然是投资,总体上就应该有回报。几十年来,这一观点是基于劳动力经济学的理论基础之上。实际上,人们经常认定教育就是让一个人胜任某项工作的工具,即教育能让一个人成为有用之才。这一观点同认为那些受过更多教育的人平均收入要高的观点是一致的。

第二个因素是教育的筛选功能。高等教育要求学生先申请，再入学，然后学成毕业。那些能够完全符合这些要求，特别是符合名校要求的学生一般来说都有超众的能力，而且在上大学之前就是这样。有些能力与个人品质有关，比如毅力；有些能力与环境有关，比如特定条件下家庭的大力支持。较好的学校吸引并招收较好的学生，这些学生上大学时两者兼备，既有家庭财富支持又具有个人品质。学校要做的就是为行业雇主识别并提前筛选那些品质，让学生毕业后成家立业。然而，这些学生上任何大学甚至根本不用上大学都很有可能获得成功。

这一观点同社会学有联系，而在其他背景下进行筛选的观点又同经济学有关系，也与收入同教育成正比的事实是一致的。这也很好地解释了为什么名校毕业生要比那些在普通学校读相同专业甚至连课程都非常相似的毕业生要出色。

证明教育具有筛选功能的最好例子是普通教育发展（General Education Development，以下简称 GED）证书，即学生在高中毕业时通过的一种全国范围的标准化学业水平考试所获得的合格证书。GED 是一次性的综合性考试，旨在测试学生在高中阶段掌握的知识和技能。许多高中毕业生会拼尽全力去通过 GED，特别是对那些没有希望上大学的学生而言。但这并不等于说获取了 GED 证书的学生比那些没念完高中的学生拥有更多的知识和技能。GED 仅仅是一次考试而已，它并不代表在班上展示才华的能力，也不能说明完成课外功课的能力，更不能代表使自己免于陷入麻烦的能力——不过至少是免于在毕业之前被赶出学校的麻烦。这在传统的高中学业中是至关重要的。

如果高中教育的学术技能和知识是重要内容的话，我们可以看到在劳动力市场上 GED 证书持有者会和高中毕业生干得一样好。如果那些完成传统高中学业的能力和个人品质真的很重要，比如毅力及与人相处的能力，那么那些 GED 证书持有者将远不如高中毕业生。实际上，大量证据显示前者真的远远不如后者。[33] 为什么会这样呢？最有可能的解释是雇主更关心的是学生是否高中毕业而不是简单地拥有一门知识，因为高中毕业说明你至少能满足这样一些基本要求：按时上下班，做好某件事，以及与他人友好相处。

人力资本和筛选功能之争

在电影《颠倒乾坤》（*Trading Places*）中，公爵兄弟就人力资本和筛选功能之争打了一场赌。兄弟俩密谋将两个人的生活环境进行置换：一个是毕业于哈佛大学、投资银行的执行总裁——路易斯·温索普三世（Louis Winthorpe III，由丹·艾克劳德［Dan Aykroyd］扮演），另一个是没上过学、身无一技之长的街头小混混——比利·雷·沃伦汀（Billy Ray Valentine，由艾得·马修［Eddie Murphy］扮演）。沃伦汀被一家投资公司录用，公司职员得知他是一名合格的员工而且是一位大学交换生。单单这些学历证明足以让他在公司里大施拳脚吗？与此同时，温索普在剧中犯了罪，最终被公司开除了。尽管受过良好教育，还有身上的那些优秀品质，这一连串的不幸会使温索普一蹶不振吗？影片的结局皆大欢喜——两个人都发了财，但这只不过是电影罢了。

筛选功能指的是雇主在招聘大学生和高中生时，首要的兴趣还是在于他们身上那些与生俱来的禀赋，比如聪明才智。关于这一点，一个更为广泛的观点认为念完大学本身就说明学生身上具有很多超出课堂知识的宝贵技能，而这些技能原本在大学里也可以学到。有许多实例可以说明雇主筛选毕业生时最在意什么。

人力资本和筛选功能都很难解释为什么大学教育在找到第一份工作之后还那么至关重要。至少在传统意义上，大学毕业生还很年轻，没有多少别的经历可以判断他们，所以大学经历对他们的第一份工作起着举足轻重的作用也就不足为奇了。对于个人而言，为什么毕业几十年之后大学学历仍然决定着收入差距，这一点就更难解释了，特别是对于那些倡导教育具有筛选功能的人而言。毫无疑问，能够念完大学并顺利毕业确实能证明你身上具有许多良好品质，如纪律性、坚持不懈等，但近期的工作成就远比早在十年前读大学时的成绩更有意义。大学教育之所以让人受益终身是因为在大学里学到的那些技能在今后的工作中还会继续发挥作用，即使并非所有技能都来自课堂。这一说法才更让人信服。

包括大部分经济学家在内的人力资本拥护者对自己的观点并非胜券在握。这让我们发挥想象力，去思考在大学课堂上学过的某些特定内容是如何对几十年后的职场成功发挥作用的，特别是去证明有多少毕业生在与所学专业无关的领域取得成功。T恤行业的格言“又是一个没有用到代数的工作日”充分说明了这一点。创造性学习中心对经理和熟练工人的调查显示，他们在工作中用到的知识技能和能力仅仅只有 10%左右的是在课堂上学到的，还包括一些正式的培训，其他的大部分来自工作经验。

课堂上学到的知识和技能决定着今后的工作收入，关于这一点最难让人理解的可能是读大学时的学习成绩和工作表现之间的关系。有一点是毫无疑问的，那就是想要进入法律、医学等高收入行业，大学生的每门课程都必须拿高分。问题是上岗之后，那些学习成绩好的学生工作一定会出色吗？

许多方面可以诠释学习成绩可以转化成今后的工作能力，比如组织能力、口语表达能力、书面表达能力等等。许多公司，特别是咨询公司往往要求应聘的大学生的学习成绩要略高于平均水平，因为这些公司认为学习成绩代表着一些个人能力。不巧的是，目前还没有证据能表明学习成绩对工作表现能有多大的预测性。早期的文献资料几乎没有两者关系的记载，近期研究发现两者之间存在一定的相关性，尽管这一结果似乎受到前期研究的影响，而且仅局限于参加工作的头一年里两者或多或少有点相关性。得出这些结论的心理学家与其说对两者的因果关系感兴趣，倒不如说对两者的相关关系感兴趣。他们发现学业成绩和工作表现之间的总体相关系数是 0.16。这听起来还不错，意味着个人的工作表现中只有稍大于 2%的差异可以通过了解他的大学学业成绩来预知。[34]

许多要求大学生有一定学业成绩的雇主并不会费心去验证这些成绩是否真的会预示其在工作中的表现。虽然谷歌公司会那样做，但公司得出的结论是学业成绩对工作表现什么也预测不了，所以他们后来就不那样做了。在面试时公司提出的一些古怪问题也预测不了应聘者的素质，比如问曼哈顿有多少座燃气站等，所以也停止问这样一些毫无意义的问题。[35]

法律院校的格言深有其意：A 等生当教授，B 等生做法官，C 等生挣大钱。在学术圈里，学术技能和知识最有价值，这就是为什么说想要进入研究生院学习必须在大学阶段取得好成绩。其他技能在大学毕业后才能发挥更大作用。有些技能可以在大学里学到，有些技能可以通过大学顺利毕业而充分展示出来。为什么大学教育在毕业多年以后还和工资收入息息相关？关于这一点，最好的解释是找第一份工作时学历最重要，而第一份工作就把一名大学毕业生送上可以决定他未来收入的职业道路。至少从以往的经验来看是这样的，如今是否还是这样，正是下文即将谈到的问题。

还有一种说法可以解释大学教育和劳动力市场之间理不清的关系，比如：为什么有些岗位对知识要求很高却收入很低？为什么某一特定岗位长期以来存在同工不同酬的现象？这种解释就是基本的供求关系。供不应求时，教育有回报；供大于求时，教育则没有回报。例如，20 世纪 80 年代，韩国开展了一场提高大学入学率的运动，十年下来大学毕业生人数增加了三倍，而毕业生的工资收入减少了一半。[36] 20 世纪 70 年代，美国也发生了同样的事情。更为重要的是，基于毕业生供给数量尤其是企业需求的变化，很难预测不同专业和领域教育投资回报的前景。

供求关系可以解释为什么一个哲学博士的收入会很低,尽管他在学校里勤奋刻苦地学习,而且确实学到了很多知识,但是市场对这类毕业生的需求量很少。当然,哲学知识本身在生活和工作中用途很大,但在实际生活中像哲学教授那样用哲学基本原理去做高深学问的人毕竟很少,而且相对于求职者数量而言,哲学教授的职位也没有那么多。

供求关系还解释了稍后会补充描述的一个现象:为什么现在的劳动力市场上石油工程专业的毕业生最为抢手,而十多年前,这个专业的毕业生却在坐冷板凳?找到一个需求旺盛的专业当然很有用,但更有用的是在其他人大量涌入之前你就已经在学这个专业了。20世纪最优秀的击球手之一、进入名人堂的棒球运动员威利·基勒(Willie Keeler)就击球发表过著名的言论:“球没到时就去击它。”这一法则同样适用于劳动力市场,只不过是比棒球场上更难,因为它要求你具有预见未来的能力:今天你击中球了,但四年或更长时间以后,你可能要去找守场员在哪里。

要求学生做到“球没到时就去击它”确实是很难判断什么样的工作才是好工作的原因之一。大学生选择专业时是基于目前热门的行业而非几年后的情况。等他们真正毕业时,新的供给状况可能会冷却过热的就业市场,除非情况早已发生了变化。那样的话,局面就会更糟糕。

理查德·弗里曼(Richard Freeman)在工程行业就发现了类似的情况。工程学火热时学生们蜂拥而入,但当他们在四年后或花了更长时间毕业时,这个行业已经冷却下去了。大量的新工程师涌入就业市场，导致收入降低，就业机会减少。在校的大学生又转到其他专业就读。四年后工程学专业需求重拾升势，而人才供给出现短缺。[37] IT 行业也是如此。1991 年的经济衰退对该行业的冲击尤为严重，大学生纷纷转学其他专业，数量不多的毕业生遇上 90 年代中期 IT 行业的井喷行情，促使该行业的收入一路走高。在校大学生见状又转回 IT 行业，而他们中的许多人至今还滞留在始于 2001 年 IT 行业“千年虫危机”（the post-Y2K slump）的萎靡市场之中。随着收入跌落且 IT 行业人士外流到印度，大学生又转读其他专业，导致 21 世纪头十年后期 IT 毕业生的减少。

挑选专业和学位与毕业时就业市场的人才需求之间的时间差，是学生直到最后一刻才确定选哪个行业的一个原因。这也说明雇主希望大学教育能完全按照他们的愿望去设计的简单想法是愚蠢的。在任何行业，雇主都必须更贴近人才供应商，也就是大学。

对供求关系的误解反映了一些业内人士明显的失望和沮丧，他们认为大学教育和就业之间的问题简单来说就是学生没有读那些有就业岗位的专业。他们没有意识到就业机会一直在变，而且当大量新的毕业生流入市场时，就业的大门就会关上。

劳动力市场不像我们看到的其他一些高效率市场，比如商品市场那样。人是复杂的，大部分工作的要求也是复杂的，而教育背景仅仅是人的品质和工作要求中的一小部分。大学生品质和工作性质的差异巨大，所以想要了解毕业生的就业情况，谈论平均就业率是没有多少意义的。

在就业市场上大学毕业生并不一定总能表现好的例子还发生在中国。尽管近年来中国经济高速发展,但大学毕业生失业率也出乎意料地居高不下。尽管没有具体的统计数据,据估计自2012年以来有近50%或更多的大学生失业。或许有人认为这一数字说明当地整体上缺少就业岗位,但不像美国,中国那些没怎么上过学的群体的失业率要低得多:21至25岁之间的大学生失业率是那些只读完小学的群体失业率的四倍,大学生可就业的岗位报酬也很低。这种局面令人困惑不解。许多人简单地认为这是因为大学生数量要比那些需要大学教育的工作岗位要多,但与美国不同的是,中国的大学生不愿意干那些没有受过什么教育的工人干的活。[38]

为什么说大学生平均就业率和大学生个体就业情况之间几乎没有什么关系呢？根本的原因在于其中的逻辑问题,即大家都知道的一个谬误推理:对于一个整体而言是对的东西,不一定对整体中的每一个个体也是对的。整体上美国人的体重在增加,但这并不意味着每个美国人都在变胖。相同的道理,一个个体采取的行动或许是对的,但这并不意味着如果所有个体都采取相同的行动,这个行动还是对的。目前,石油工程专业的毕业生能挣大钱,但正如我们之前谈到过的,如果人人都去读石油工程专业,供求关系告诉我们这个行业的收入将会暴跌。我们要始终牢记这样一个普通的法则,那就是更多的人应该接受更多的教育,因为在现阶段那些受过大学教育的人终归会得到回报。然而,正如附近有一家特别可口的餐馆,一旦大家都知道了就会蜂拥而至,餐馆的味道也就不再特别了,某种程度上大学教育能产生回报是因为还有人没上过大学。

在这方面,历史上的一个例子是书记员这个职位。从文献上我们可以得知,在 18 世纪书记员这个职位意味着社会声望,从事的是读写文件、简单的总结之类的工作。到 19 世纪中期,公众义务教育在全美国快速发展,民众的读写能力获得极大的提高。现在书记员这个职业已经是白领阶层的最底层了。

真实的就业市场的另一个方面是市场本身没有做好恰当的调整。至少在传统意义上,雇主不会雇用条件最差的求职者。他们设立岗位要求和工资标准,然后招聘员工。这样做的结果之一是应聘者之间的竞争往往集中在个人能力和素质方面:许多人来求职应聘,雇主会选择最优秀的,而不是降低工资标准或其他方面的要求去录用那些最不胜任的求职者。

求职市场上有大量的大学毕业生符合相关的岗位要求。在过去的几十年里,许多人找不到与他们的技能相匹配的工作,因为符合这些技能要求的求职者实在是太多了。结果,这些毕业生就去应聘那些不需要全部大学知识和技能的工作。而当就业市场非常糟糕的时候,他们只好去应聘那些根本不需要任何大学知识和技能的工作。

这样做的后果之一是在市场萧条时期,雇主会发现原来只需要高中学历的招聘岗位却来了许多大学生求职者,所以他们就雇用了大学生。结果,那些只有高中学历的求职者只好另谋出路,去找那些可能不需要高中学历的岗位。有人把这一过程称为“挤压”,意指由于裁员,高级员工不得不去做次等级的工作,把次等级岗位的人挤压到更次等级的岗位上去,以此类推。

大学毕业生就是在这一过程中谋职,尽管那不是一份他们真正想要得到的工作。而高中毕业生与那些辍学者只好去找更低等级的工作,如果就业岗位不多的话,很有可能就找不到工作。结果,大学生失业率比高中生失业率要低,一般是高中生失业率的一半,但这并不意味着需要大学学历的工作更多。事实上,情况正好相反。目前,绝大部分工作只需要高中或更低学历。根据劳工局统计预测,2012 至 2022 年这十年间新增的工作岗位对高中或更低学历的需求量是对大学学历需求量的三倍。[39]

当就业市场疲软时,大学生会去抢高中生的饭碗。这个事实提醒我们职场上永远充满了竞争(竞争是职场永恒的主题)。在各个层级的就业市场上总会有赢家和输家。即使在就业最艰难时期,那些最优秀的求职者也总是会脱颖而出。因此,喜剧演员史蒂夫 · 马丁(Steve Martin)给的职场忠告是:“使自己足够优秀,让别人不敢小瞧你。”如果你真的成为百里挑一的求职者,那随便去哪个岗位都没问题。问题是:其他 99%的求职者怎么办?我们经常听到给年轻人的职场忠告是:跟随自己的激情去求职,这将会使你在激烈的市场竞争中获胜。如果我们相信激情就像类似于诗歌或者视觉艺术之类的东西,能使这些年轻人成为百里挑一或许是千里挑一的求职者,这些建议或忠告听起来或许有些道理。但我们不能自欺欺人地相信,仅凭激情就能让他们在激烈的就业竞争中出人头地。

我们从雇主那里看到的情况是暂时现象吗？持续的经济增长可能会改变这种发展趋势。大学毕业生经历了 20 世纪 70 年代糟糕的就业市场，以及 90 年代末期就业市场的复苏和振兴。假以时日，相同的情况会再次发生。如果经济恢复了，许许多多失业的人会再次回到劳动力市场，还有那些目前相对于岗位而言教育过剩的人。经济恢复需要很多时间，到那时就业市场会充满活力，新的大学毕业生会井然有序地找到好工作。

即使到那时，也没有理由相信雇主会像从前那样从企业内部培养人才，挖掘他们身上的潜力，把他们培养成为企业的终身员工。要改变现有的雇主和企业的人才培养模式需要一场深刻变革。

当然，有些家庭很富裕，上大学的费用对他们而言不是一个主要考虑的问题。但是目前这样的家庭并不多，一部分是因为富裕家庭没有资格申请助学贷款，而且需要支付更昂贵的学费。即使是富裕家庭也得考虑孩子读完大学后的工作问题。以就业市场前景而言，每个人不仅要考虑在新的形势下，即使学费越来越贵，大学教育对孩子的前途而言仍是不可或缺的，还需考虑大学教育投资回报的风险也在逐渐增大。

我们该如何应对？

本书帮助大家了解商业世界，了解大学教育，以及了解两者结合在一起后如何计算出大学教育投资的最好回报。本书还有助于大家理解这种计算是一种风险管理的练习。关于就业市场我们无法提前知道一切,但我们确实知道上大学的成本以及影响这些成本的因素,还知道那些使得大学教育投资承担极大风险的因素,以及那些即将成为大学生然后成为职场求职者的学生无力承担的巨大经济风险。如果毕业后找不到好工作,为了上学而背负的巨额贷款会让他们喘不过气来。有些学生很幸运,因为父母可以帮他们一把,但是很少父母有足够的资源去承担大学教育投资失败的代价。

当我们考虑投资及其回报时,成本显然很重要。近年来大学学费猛涨而居民收入停滞不前,这一事实是民众普遍关心而且也应该关心大学教育投资是否有回报的原因之一。上一所便宜一点的大学,投资回报自然会更好一些,但除了最富裕的家庭,大家都很难知道上大学的真实费用,因为现在的财务补贴范围实在是太大了。现在,申请财务补贴的家庭平均年收入超过了十万美元。许多可以申请财务补贴的人从未申请过,因为他们觉得自己不够资格,这当然是一种误解。申请被拒可能会令人不开心,但获得财务补贴的好处自然是不言而喻的。

然而,申请财务补贴的手续非常复杂,如果有人可以为你处理税务的话,相关专家能替你快速填写表格。虽然关于如何“游戏”这些申请手续有许多建议,但请父母记住一点:欺骗游戏规是一种犯罪,同时可能导致你的孩子被校方开除。

还有其他类型的财务补贴,有些财务补贴不是基于个人需要,所以不要求个人申请。体育奖学金是其中最著名的一项,但由于这类奖学金名额非常稀少而且要求非常苛刻，所以对于任何申请者而言都不必对它们抱多大指望。有许多版本的故事流传开来，其中一个说的是某人的孩子因为某件奇怪的事情而获得了一种名为“《星际迷航》粉丝”的奖学金，但这种奖学金每年只有一个名额，而且只有500美元，所以这样的故事大多数是都市神话。[40]打个比方，许多学校都有国际象棋队，但为擅长国际象棋的学生提供的财务补贴微乎其微。孩子也不会把自己的前途押在这些不大可能实现的梦想身上。

最近几年，一种非常重要的新助学方式是优秀生奖学金，主要是针对那些优秀学生提供的奖学金。设置这种奖学金的目的是许多大学想招收更优秀的学生。学校估计如果削减这部分优秀学生的学费，就能招到他们。那么，为了这笔奖学金，学生该放弃其他学校而选择一所不那么出名的学校吗？如果只考虑回报，特别是如果这样做会让学生及家长免除助学贷款这个沉重负担的话，这个问题确实值得仔细想一想。后文将详加分析上一所名校是否一定会有回报。

其实，上大学最大的成本是一种可能的风险，那就是学生不能按期毕业，或者更糟糕的是根本就毕不了业。那样的话，大学教育的投资自然就没有回报了。多读一年的费用很可能会花掉上一所便宜大学所省下的钱。即使我们相信这种事情不会发生在自己的孩子身上，但多数学生四年后不能按期毕业的事实让我们清醒地意识到自己的孩子也有可能不能按期毕业。

无论是学生中途辍学还是能否按时完成学业，这些风险都在我们的可控范围内。流动性是美国高等教育体制的魅力所在。任何年龄的人都有机会上大学,然后在若干年之后毕业。一个人总有上大学的机会。如果父母不确定自己的孩子是否已经准备好上大学,可以让孩子再等一年左右,这样并不意味着孩子就没有机会上大学了。恰恰相反,如果孩子真的再等上一两年,那么成功的可能性将大大增加。很大一部分学生在毕业前上过不止一所大学,经常要花上好几年刻苦攻读一个学位。特别是在州立大学,你可能会通过交换学分起步于家乡的一所大学,然后转到你要花上好几年就读的一所著名的寄宿学校,最后在另一个城市先就业后念完大学。这并非难事。

还有其他因素影响着辍学或按时毕业的可能性,其中之一是对那些遇到麻烦的学生提供可用的支持和服务。一次严重的意外事件就足以让学生偏离预定的轨道,休学一年甚至辍学。检查一所学校的毕业率或为那些困难学生提供援助相对来说很容易办到。延期毕业最常见的原因之一是,学生在完成专业的各门必修课程时遇到麻烦,特别是如果学生转了专业的话。要算出这个问题有多大可能性确实有点棘手,但一个好的预判方法是看看这些专业有多复杂。比如,按照一定的顺序要学多少门必修课程,这些课程多久开设一次等等。

仅仅讨论学费的问题,实际上相对来说还是容易一些。而要去猜测学生毕业时哪些工作会抢手则几乎是不可能的,因为连雇主自身也不知道。总体上,越是专注于某些行业和岗位,承担的投资风险就越大。评估这种风险的一种简单方法是,了解特定岗位的雇主如果因为生意不景气或是市场对技能需求发生改变而恰好没有雇用大学生时，情况会怎样。次好的选择会是什么样子？如果情况不乐观的话，那么你正承受着巨大的风险。

有一种方法能降低被市场淘汰的风险，那就是尽可能推迟投资某些专项技能，这样就可以缩短学习和应用那些热门技能之间的时间差。直到就业前才去学那些最实用的课程，就像直到最后时刻才选定专业一样。当然，这样做确实需要在换专业和选学最新实用课程比较容易的学校里才行。稍后会细述这一点。

这一重要的方法提示我们，即使是在评价工作技能时，对于雇主而言专业或许也不是唯一的决定因素。就拿 IT 行业来说，我们经常听说这个专业的毕业生供给不足。目前大部分互联网技术工作是由没有 IT 学历背景的人来做的，实际上这类工作很少需要工程院校的计算机科学学历，尽管那些议论称本行业人手不足的人不承认这点。现在，许多的大学课程都包含计算机应用，既有应用软件，又有许多程序方面的知识。选学一门最新的、热门的程序语言课程，你就会和一位 IT 专业出身的人一样在应聘时得心应手，游刃有余。别管求职信上是怎么写的，在求职的时候向雇主展示你所学的专业和技能非常重要。正如第四章将谈到，解决产学矛盾最好的办法是展示技能而不是非得要一个该专业的应用学位。

如果某人就读专业的就业市场在他临近毕业的时候非常不景气，那就延期毕业以期待来年转好的就业市场。这种想法合乎情理。那些在大学校园里广泛招聘员工的雇主往往以一种非常僵化的方式去做,他们不大可能雇用那些前一年已经毕业的学生。但如果上一届的学生没有正式毕业而是待在一间实验室里打工,或许只为某一门课程付学费,这样的学生可以去应聘今年的招工。本该毕业却还要待在校园里,这对学生而言既要多花钱又很没面子,但如果让他们失业待在家,躺在父母的长沙发里无所事事,那会更加没面子。在市场疲软时毕业,会让人觉得在未来的十年或更长时间里收入减少,前景悲观。找一份与自己所学专业无关的工作或是一份根本就不需大学文凭的工作会让你今后进入自己所选的专业领域更加困难。与其如此,倒不如待在就业市场外等待来年毕业。

选读一门高度职业型专业还要交其他费用,而且这样的机会已经一去不复返了,如果你不是选读这些以职业为导向的课程,或许你早就学会了。对雇主而言,应用于政府公共管理某一领域的课程(比如健康护理)或许有些吸引力,但这种知识不可能长期有用,而且学生本可以去选那些提供通识教育和终身教育的课程,比如学会如何更合理地做决定或是更好地理解他人。稍后的章节中有证据显示,与选读更传统的学术课程的学生相比,那些选读以职业为导向的学生在今后的职场上会相形见绌,尽管后者可能会在刚毕业时表现得更好。有一种可能是,以职业为导向的毕业生不大容易转岗到那些超出大学所学技能的工作岗位上去。

没有多少公司进校园招聘,这一事实意味着大多数的招聘是在非正式场合下进行的。大学要通过创造与雇主更多的互动机会来创造更多这样的机会。合作性课程是最为典型的例子。在合作性课程里,课堂知识与临时性工作任务精心、紧密地联系在一起,以显示学校与企业之间的这种合作关系。这些课程被广泛地证明在帮助学生就业方面是有效的。

这些课程的缺陷在于雇主要承诺几年之后这些课程仍然行之有效,而越来越少的雇主愿意作出这样的承诺。当人们普遍关注合作性课程时,甚至连《美国新闻与世界报道》(*U. S. News & World Report*)也对这些课程推崇备至,但关于这些课程的实际情况有许多不实宣传。比如,《美国新闻与世界报道》把康奈尔大学列为全国合作性课程最成功的十所高校之一,但实际上该校只有工程学院开设了合作性课程,而且开设的条件极其严格:学生必须申请并获允接受该课程。在大部分高校情况都是一样的。

实习是大学生最平常的工作经历之一。但学生仍然还有其他诸多途径接触雇主(其中有些雇主是校友),比如通过学生俱乐部、慈善工程以及课堂项目等等。在沃顿商学院邀请一位大名鼎鼎的企业家来校与学生座谈比跟教职员工座谈要容易。偏远的学校在这方面处于劣势,雇主很难接近学生,但只要作出努力,这些不利因素是可以消除的。当然,校园招聘仍然很重要,但不要只听学校对企业的赞誉之词,要去市场做调研,了解哪些雇主将到学校来招聘以及招聘的岗位有哪些。

除了要踩准市场的节拍,雇主说他们在招聘大学生时还看中一些求职者的基本品质,其中学业成绩并不像大家认为的那么重要。针对雇主的调查显示,雇主在决定聘用一名大学生时最看重对方的工作经验,他们几乎不在乎学生的学业成绩,而对学生在课外所做的事情尤感兴趣,比如实习、志愿者经历,甚至是课外活动等等。当然，一些应用性很强的本科专业除外，比如财会、护理等，这些专业中的学术内容是必备条件，但雇主认为即使对于应用性很强的专业而言，学术知识也并不是做好工作的关键因素。

课外经历或许和一个非常实用的学位一样重要，甚至比后者更重要。对于雇主而言，一名在医院行政岗位工作了一个夏季的哲学专业毕业生要比毕业于医院行政管理专业而没有实际管理经验的毕业生更有吸引力。一些课堂外的经历或许是大学教育的组成部分，但也可以通过其他途径获得。

那些有着良好社会关系网的父母能为孩子找到有趣的暑假工作，因此他们不用太担心孩子所选专业的市场化问题。目前，市场上兴起一门卖方行业，该行业声称能为刚毕业的大学生提供实用的工作技能和工作经验，以满足雇主的头等之需。考虑到在谋求第一份工作时，这些因素或许能很好地说明实用性学术课程的重要性。一个严肃而宽泛的学术学位和一次在暑假期间实用的工作经历，有时再加上在别处学到的一些课程技能，三者的结合或许能让毕业生找到第一份工作，乃至掌握能在长远的将来在职场上获得成功的能力。

本书发人深省之处是什么？大学教育是一项巨大的投资，许多因素影响着这笔投资在经济上是否有回报。从数字上看，全美有上千所大学可供选择，考虑因素包括：是否值得上大学，何时上大学，上哪所大学，如何付学费，以及当你对投资结果如此重视的时候该做什么等诸如此类的问题。在本书余下的章节里，我将从各个不同的角度收集资料和数据，帮助大家思考如何作出正确的决定。

第 2 章

我们该怎么办?

——美国教育之现状

即使你只是一位美国大学教育体制的观察员，了解这一体制的现状也是很重要的。因为作为一名纳税人，你正在为该体制付费：美国有大约80%的大学生是上公立大学，而公立大学的财政绝大部分是由纳税人资助的，其他院校的大多数学生也会以其他方法获得政府的财政帮助。每个工业国家都大力支持和发展高等教育，其中的原因不言而喻。大学为雇主提供他们乐意雇用的有文化的公民，而这些人最终会主宰一切。大学经历事关重大，其中包括我们为此要付出什么，以及毕业生会从中得到什么。

大学生的大量成功或失败取决于他们初到学校时是个什么样子的人。有些方面是遗传的，比如健康和基本的智力；有些方面来自家庭，不仅仅是价值观念和态度，还有资助系统；还有一个大的方面来自在中小学他们已经学会或没能学会的东西。

对于许多人，特别是那些关注华盛顿特区教育现状的人而言，他们惊奇地发现公立学校是当地政府，尤其是当地学区的主要保护区。他们为学校提供全部资金的44%，其中的80%是通过财产税征收的，因此他们有权监督学校的教学内容以及为学校运转提供指导。每个州设立通用标准，并要求该州内的所有学校都要严格遵守。州政府还会为特殊课程及较穷的学区提供专项资金。对学生及学校的评估很大程度上取决于州政府。州与州之间的学生学业成绩差别巨大，在这方面密西西比州和马萨诸塞州的表现最为突出，但也有可能每个州内部的差别更大。与那些紧邻最穷学区的学生相比较，最富学区的学生在测试所学知识和技能的考试中所得分数往往是前者的两倍。

尽管联邦政府经常遭受那些不满教育成本或是不满学生学业成绩的人的抨击，其实政府在中小学教育中发挥的作用极其有限。政府只提供总资金的大约 12%，还要将大部分资金去支持一些特殊教育，比如为那些有学习障碍的学生提供特殊课程等等。

一直以来，关于美国学生在学校里的表现有许多负面的报道。然而，美国民众却普遍认为自己的学校办得不错，尽管他们觉得整体上美国学校的办学质量正在快速下滑。这是真的吗？

1983 年发布的一份题为《一个处于风险之中的国家》的研究报告，对美国中学教育有一些特别的看法。[1] 该报告描述了一个对自己的学校教育沾沾自喜的国家，而实际上其教育状况已经是大不如前了。报告中的数据截止于 20 世纪 70 年代，但民众的普遍印象是从那以后美国的中学教育每况愈下。

中小学是如何取得办学成效的，尤其在向大学输送学生方面取得骄人成绩呢？分权体制的奥秘在于：各州使用不同的方法来评估学生学到了多少，而这些方法之间没有可比性。一些评论家指出各州政府是有意为之，因为他们都不想和其他州相比较，特别是当他们认为互相比较会让自己惨痛出局的时候。21 世纪头十年，布什政府出台了《不让一个孩子掉队》（*No Child Left*

Behind)的法案。起初,许多抵触该法案的意见主要集中在事先制定的标准和全国统一对学生的学业成绩进行的严格评估。

目前,唯一可信的全美学业评估是联邦政府的国家教育进展评估(National Assessment of Educational Progress)。评估一年开展一次,主要通过测试 9 岁、13 岁和 17 岁学生的阅读和数学水平,以考察其学术能力。这类评估可追溯到 1973 年,结果显示 9 岁和 13 岁学生的学习能力特别是数学方面的能力在持续提高。对于 17 岁的学生而言,他们正处于上大学的前一年,测试结果却平平:既不会很差也没见有提高。

然而,如果按照种族分类来看待考试分数的话,我们可以看到白人学生,特别是黑人学生和西班牙语裔美国学生的成绩有很大的提高,尤其是那些 17 岁的高中生。怎么看待整体成绩平平而个人成绩却提高了呢?这个是统计学中的指数问题,因为指数和组合数字的运行规律是不一致的。即使黑人学生和西班牙语裔学生的分数在快速提高,但整体上还是低于白人学生的分数,而前者的数量在整个学生人口数量中的比重在增长。这就像大学生平均身高在下降,尽管男大学生和女大学生的总体身高在增长,但由于女性平均要比男性矮,且女大学生现在正占据着大学生注册人数的大半壁江山,因而整体的平均身高在下降。

那些中途辍学者会怎样呢?连中学都没读完的学生在就业市场上肯定会遇到麻烦,但目前情况有所改善,而改变的程度取决于读完中学究竟代表着什么。从官方的辍学率来看,1990 年以来年满 24 周岁、没有拿到学位的中途辍学者比率下降了近一半,降到7%左右。这是一个了不起的进步。[2]另一方面,如果我们看毕业率,即有多少学生中学毕业以及多少学生从入学到四年后按时大学毕业,数据并不乐观。从1990年以来,我们看到毕业率约上升了4%,并不多。如何解释这种差别呢?

差别的根源是GED学历,学生只要高中毕业或是获得高中同等学历(GED学历)就不算是辍学。辍学率的下降主要是因为越来越多的学生获得GED学历。学生取得GED学历比中途辍学要好得多,而让他们高中顺利毕业又比取得GED学历要好。正如前文所言,拥有GED学历的学生在职场上的表现远不如那些高中毕业生,这一事实说明雇主不仅在乎高中毕业生的学术知识,也非常在意他们的高中学习经历。

如果要说出一个使得美国学生平均成绩徘徊不前的因素,那就是最差学校的表现。美国最好的学校在世界上名列前茅,差别在于美国最差的学校实在是糟糕透顶。

与其他国家相比,情况又如何呢?每一篇新闻报道似乎都想说明美国的教育落后了,美国的学生不如其他国家的学生。例如,最近一份针对雇主和普通民众的调查显示,许多人认为在为劳动市场培养学生这件司空见惯的事情上,美国落后于中国、印度、巴西等发展中国家。在相似的调查中,真正让人觉得有趣的是大部分作出回应的人不知道他们在谈什么。其他国家在教育体制方面很少有相同之处。就拿人口众多、幅员辽阔的印度与中国而言,他们在培养学生方面比美国好不到哪里去。印度正在尽力对其国民普及最基础水平的教育;中国,正如前文所提到,经历了一代大学毕业生的失业之后,正在竭尽全力弥补几十年来在高等教育方面的投资不足;尽管巴西正在加大教育方面的投入,但就其教育投入和效益方面而言,巴西还远远落后于发达国家的平均水平。

比较各国学生学业成绩有两个最重要的项目:一个是始于1995年的国际数学与科学趋势研究项目(TIMSS),一个是始于2000年的国际学生评估项目(PISA)。这两个项目表明,在对学生学业成绩进行不同方式的检测时,美国学生大概都处于中游水平,而且在某一阶段都大致处在相同水平。我们学生的成绩没有下降,因此从比较的数据来看没有证据说明美国的教育质量在下降。相反,美国学生的学业成绩在上升,只不过其他国家学生的成绩也在上升,所以我们学生的学业成绩相对而言是在维持现状。

我们目前所处的排行位置经常被当成教育质量在下降来报道,然而1964年的第一次国际比较研究结果显示,在12个被调查的国家中,美国位列第11位。如今,更多的国家参与比较。确实,现在已经进入多国竞争的时代,位列中游意味着许多国家超过我们,但差距如此之小以至于在统计学上没有显著意义。许多在国际测试中冉冉升起的新星(尤其是新加坡、韩国和中国的上海、香港等)都有一个小秘密,那就是这些国家参加测试的绝大多数学生在白天上完公立学校的课程之后,都会去补习班恶补功课,所以他们的成绩绝不仅仅是公立学校教育的结果,还是家长和孩子在课后共同努力的结果。[3]

如果我们把全球的产业工人而不是学生放在一起比较,在看到最新的比较结果后，可能会重新思考是否还应该就培养技能方面去责备学校。所有参与对比的 24 个国家中，美国学生在读写能力方面排名第 17 位，在计算能力方面排名第 22 位，在测试毕业数十年的成年人解决问题的能力方面排名第 14 位。这些数据都远远低于全球产业工人的平均水平。学校的学业成绩不足以解释上述糟糕的表现：与这些劳动力结果相比较，在相同测试中美国学生的分数比其他国家的学生要高得多。和其他国家不一样，美国工人在离开学校以后阅读和计算能力发生了变化，这可不是什么好事。很难准确地知道到底发生了什么，但是有两点是显而易见的：其一是我们几乎不会像其他国家一样培训工人；其二是我们不会向工人分配任务，而这些任务极有可能给他们带来挑战。

如何看待美国没有授予足够多的大学学位这一观点？其实每年授予的学士学位已经增加了不少，从 2000—2001 年的不足 130 万到 2010—2011 年的超过 170 万，增长了 31%。副学士学位增长更快，从 2000—2011 年的 58 万增加到 2010—2011 年的 94 万，增长了 62%，而当时的人口只增长了 11%。[4]

与其他国家相比较，在大学生人数占总人口数的比重方面，美国确实没有领先世界。这并不是什么新鲜事。自收集到可靠的比较数据，美国就从来没有在这方面领先过。苏联和其他社会主义国家曾一度保持领先地位（但似乎对其经济来说没发挥什么作用）。在这方面，俄罗斯、加拿大、日本和以色列的大学生人口比例都比美国要高。[5]

在数字比较方面，真正让美国丢面子的是大学生毕业率。尽管近年来有所提高，但在 34 个国家高中生毕业率（不包括 GED 考试的通过率）排行中，美国排在倒数第四位。可以说我们在大学生毕业率方面表现更差，位列倒数第二，大概只有 60%注册的学生可以毕业。这一极低的数字再一次说明一个事实：众多的美国学生是非全日制的，他们最终可能会毕业，但目前还算在未毕业的学生之中。

然而，在每个大学学位上所花的费用上，美国却领先世界，比其他任何国家都要多（不包括中小学教育，在基础教育方面美国的投入要低得多），大概是世界平均水平的两倍，个人和家庭所承担总费用的比例也比大多数工业国家要高。几乎 2/3 的美国大学教育费用是由学生个人及其家庭承担。如果把最高的总费用和这些最高比例的费用加在一起，美国学生要比其他任何国家学生付出更多的大学教育费用。[6]

另外，还有两组比较数据值得一提。在衡量大学教育是社会阶层向上流动的一个重要方法方面，即父母没有上过大学却把子女送上了大学，美国这类大学生人数比例在 27 个工业国家中居于第 25 位，几乎垫底。无疑，大部分费用需要本人承担的事实使得那些来自教育程度较低家庭的学生更难上大学，因为那些家庭往往都比较穷。

另外一组数据是适龄人口的受教育程度。就成年人而言，美国在受教育程度最高的人口数量方面位列第四。然而在 25 至 34 岁的年轻人中，就受教育程度而言，美国在 36 个国家中仅仅排在第 14 位（让人吃惊的是，韩国在这方面位列第一，65%的 25 至 34 岁的成年人拥有大学文凭，而美国只有 48%）。虽然与其他许多国家相比，更多这个年龄阶段的美国人最终也会接受大学教育，但这种增长无法减小美国在适龄人口受教育的程度方面与其他国家之间的差距。

什么原因造成了这些差距？与几十年前相比，美国学生做得更好而不是更糟。虽然美国的学校可能做得不够好，但也不至于衰落。别的国家的学生似乎做得更好。美国学生比其他国家学生做得更好或更差真的那么要紧吗？答案或许会暴露美国教育制度的效益问题，但当我们看到亚洲国家位列学业排行榜的顶端时，我们知道差距既和父母的支持有关，又离不开公共政策。

在学校方面，美国大学的学费最高这一事实确实给我们一个提醒，但是在美国上大学和在其他国家上大学的体验是不一样的。在美国，学生早晨从宿舍步行穿过校园去见老师。与之形成鲜明对比的是，在许多国家，学生是乘公交车离开父母的家前往教室，与之同行的还有 400 名其他同学。除美国大学之外，校内运动场、俱乐部以及各种各样的活动在其他国家的大学里几乎都是不存在的，而这些都需要花钱。

确实，在其他国家上大学要便宜得多，但学生得到的体验是完全不一样的。相比于世界上其他国家的家庭而言，美国家庭必须为孩子上大学支付巨额学费，这一事实是一个政治选择，是多年来公共教育经费大幅提升而造成的后果。有人主张，既然学生能从大学教育中获得巨大的经济利益，那么学生本人支付大部分学费也就理所当然。但如果经济利益没有想象的那么丰厚,那么学生本人支付大部分费用的理由也就站不住脚了。这也是要了解大学教育是否有回报的另一个重要原因。

相比较于其他国家,尽管美国的许多大学采取了更多有力的支持措施,但还是很少有学生能够按时毕业。这一现象确实很难解释。部分原因无疑是美国教育的财政制度:许多学生不能按时毕业是因为他们得不到财政援助。或许还应该问一问为什么要送这么多孩子上大学,而且还是四年制大学。美国大学校园里补习班的数量反映出,许多大一新生入校时还达不到大学水平的学业标准。大约有 26%的学生至少要学一门补习课程。

别的国家的大学生人口比率比美国要高以及两者之间的差距还在扩大,这两点真的很重要吗?没有证据表明劳动力市场的供求关系发生了变化,也没有证据表明如果我们提高教育的基本水平(美国和其他发达经济体早已超出这一基本水平),受教育程度更高的劳动力会提高雇主的生产力或让经济运行得更好。相对于岗位要求而言,现在的劳动力所受的教育实际上已经过剩了。

许多在二战中遭受重创的国家在战后都毫无例外地通过教育的改进和扩展来恢复建设。除瑞士和瑞典之外的每一个工业国家都花了几十年时间集中资源大力发展高等教育,这一举措大部分是政治选择的结果。从比例上看,别国政府在高等教育上的投入比美国政府要多得多,这在某种程序上可以让更多付不起学费的家庭送小孩上大学。这多半是社会政策,而非经济政策。

如何看待公众指责美国大学生所学的科目不当,没有选学那些必须在大学里学好的困难科目，或是如数学等更重要的理科科目？很难准确地说多少才是正确的数量，但现在美国学生正在学习更多的数学及其他理科课程，这一点可以从数据 2.1 中看到。

数据 2.1　1990 年和 2009 年美国高中毕业生完成数学和自然科学课程的比例

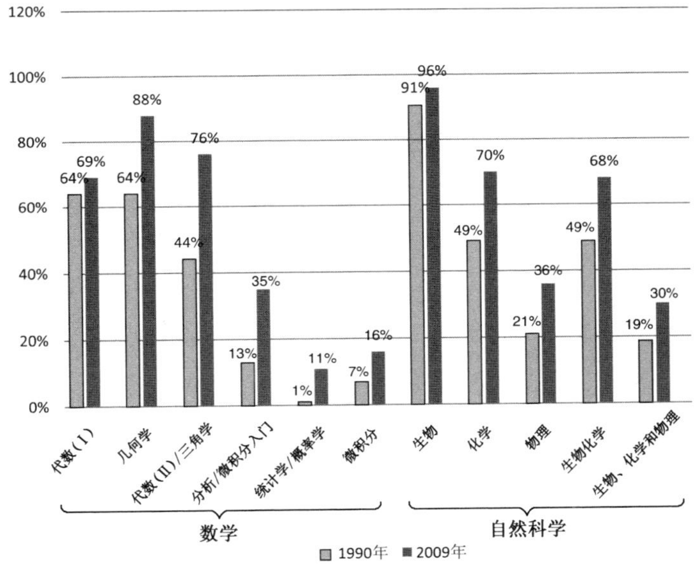

数据来源：National Center for Education Statistics，"High School Coursetaking，" The Condition of Education，last updated February 2014，http://nces.ed.gov/programs/coe/indicator_cod.asp

关于上大学，人们考虑得最多的问题之一是对于那些高中毕业后不继续上大学的人来说大学教育意味着什么。答案并不乐观。以前，高中生毕业后可以去父亲上班的工厂找一份工作，谋一个前程,至少能过上稳定的生活。现在,这样的日子已经一去不复返了。任何人想在高中毕业后谋取一份体面的工作都需要一技之长,而唯一能学到技术的地方看来只能是某所大学。

我们当中那些在20世纪90年代前上高中的人还记得那时的职业教育课程,坦率地说许多学得比较慢的人都在这些课程中学会了做生意的技能,毕业后马上就能找到工作。但是后来这些课程被看成大学教育的终结者,因为从职业学校毕业后很难再上大学了。许多改革家把这些课程视为改革对象,因为他们认为,这些课程实际上使得那些从一开始就在很多方面都处于劣势的学生的就业前景变成空中楼阁。改革家改革职业教育的措施包括引进更多的学术内容,结果势必会挤掉一些更实用的内容。在许多州和地方社区,独立的职业教育院校被取消,那些提供职业培训的课程被合并到社区大学。[7]

在所有工业国家中,美国中学教育的职业教育比重已经是最小的了。在欧洲,大约60%的学生中学毕业时都接受过职业教育培训,而美国的职业教育比重远远达不到这个数字,最乐观的估计是我们处于发达国家的末端。最近几十年,职业教育的比重进一步下降。

自1990年以来,美国教育部追踪了公立学校毕业生的选课模式的变化情况。结果发现,增加最多的科目是数学和自然科学,这与公众认为学生不学这些科目的观点形成鲜明对比。到目前为止减得最厉害的科目,或者说减幅巨大的科目,是职业课程或是“职业与技术教育”课程。(见附录中的数据)

在职业教育课程里面，包含技术贸易和其他机械技能的“工艺美术”课程减幅尤为严重。从 2000 至 2005 年，每个学生在这些科目上所选的平均学分下降了一半。[8] 依靠技术教育提供新劳动力的雇主发现应聘者大幅减少，特别是对那些规模更小的雇主而言更是如此：那些至少掌握基本生产技能的工人的一个重要来源是高中阶段的职业教育课程。

与此同时，年轻人学习工作技能的另一个重要来源也在逐渐萎缩，那就是学徒课程。关于美国学徒课程范围的资料并不全，但根据在劳工部登记注册并满足一定质量标准的学徒课程的有关资料显示：在 2002 至 2012 年间，这些课程遭到大幅削减（大致从 33 000 门减少到 21 000 门），而学徒的数量减少更为严重（大约从 2003 年的 50 万人减少到 2012 年的 28 万人）。[9] 这些课程每年培养出大约五万名毕业生，这一数量相对于 1.6 亿的劳动力大军而言，简直就是沧海之一粟。

这些数据是否代表着学徒课程的发展趋势还不得而知，因为美国还有无须注册的学徒课程，以及部分在任何系统中都找不到资料的课程。自 2004 年起，劳工部一直在推进认证和登记更多的课程。所以，如果注册率一直在增加，那么实际学徒课程的减少将会比上述资料显示的还要严重。而且，学徒课程的质量也不是一直不变的。比如在建筑行业，行会管理下的合作学徒课程由于行会的衰落而衰落。还会出现由单个雇主管理的新课程，而这些课程的学徒往往没有那些行会管理的合作课程的学徒表现得那么出色，或许是因为雇主更急于把这些受训者送到急需的工作岗位。许多学徒在完成雇主主导的这些课程之前就离开了。

如今,与同龄大学生相比,那些接受职业教育的学生只能从事低收入的工作,这一想法听起来不再合乎情理。失业的大学生很可能会羡慕水管工,因为他们这样的行业工人从事的是既防外包又高收入的工作。

现在,许多高中生想上大学的原因之一并不一定是大学教育质量提高了多少,而是如果不上大学,情况会变得更加糟糕。

然而,并非每个人都适合上大学。经济学家玛丽·帕内达(María Prada)和塞尔吉奥·乌尔祖娃(Sergio Urzúa)发现,从挣钱角度来说,那些掌握机械作业技能但人际交往能力或认知能力不强(这一点可以参考他们的智商分数)的美国学生如果不上大学,他们挣的钱也许会更多。这些人最终会成为机械技师或其他高收入行业的工人。对于他们而言,上大学的投资回报率实际上是负数。[10]

当然,上大学不一定意味着上一所四年制大学。两年制大学,尤其是那些营利性大学,已经把培养高中生某种技能从而使他们找到应用性工作确定为办学目标。这些学校的教育投资是否值得,则是我们随后要讨论的话题。

大学生是哪些人?

高中毕业后,哪些人会上大学呢?差不多70%的高中毕业生会选择上大学，这一数字自1990年以来一直在上升，但从2008年经济大衰退以来下降了不少。我们还看到一个转变：更多的学生选择上社区大学，而上四年制大学的学生越来越少。缺钱似乎可以解释为什么学生会选择更便宜、学制更短的大学。还有许多学生高中毕业后并不选择马上上大学，但最终还是会去上大学。因此从长远来看，上大学的人数要多得多。

一些令人吃惊的事实是关于现在人们花在高等教育上的时间是原来的多少倍，以及这些时间是如何分布的。在18至24岁这一年龄阶段，有些读完高中18岁（或更早）就开始工作，那些社区大学的学生20岁毕业，还有那些传统四年制的学生22岁大学毕业，所以不能指望在大学里还有那么多学生。1973年，这个年龄阶段24%的人口就读两年制或四年制大学。到2012年，这个数字上升到41%，而四年制大学的人口比率从17%上升到2011年30%的最大值。[11]

高中毕业后哪些学生会上大学呢？女生高中毕业后上大学的比例要比男生高，大约高出10%。为了达到更好的性别比例平衡，许多大学采取了支持男生的含蓄行为，录取那些分数不如女生的男生。另外，更多的较富裕家庭的子女选择上大学：相比于大约52%低收入家庭的学生会上大学，82%高收入家庭的学生会选择上大学。从种族上看也有一些重要的区别。现在，西班牙语裔学生和白人学生一样会选择上大学，这和几十年前相比是一个巨大变化。21世纪头十年中期，大约有90%的亚洲中学生选择上大学,所以模式化观念认为亚洲所有的中学生都会上大学是有所依据的。在经济大衰退期间,这一数字锐减,或许是由于另一种模式化观念:经济不景气时,那些作出巨大牺牲送孩子上大学的家庭将会不堪重负。

上大学需考虑的另一个重要因素和补习教育有关,即在大学里必须要重复的高中学习内容。这就是高中基础对大学教育至关重要的另一个原因。20 世纪 90 年代末期和 20 世纪头十年,花在补习教育上的时间和金钱十分巨大,这表明许多学生没有达到上大学的标准。对于既要支持中学又要支持大学的州政府而言,这是一种严重的资源浪费,因为这意味着要为相同的教育付费两次。对于私立大学而言,这些补习课程至少耗费了学生更长时间,而学习真正跟大学有关的内容的时间就更少了。无论哪种情况,补习教育都会使学生延期毕业,抹杀家庭对大学教育投资的回报。

2000 年,两年制大学中有 30%的学生上了补习课程。考虑到这些主要是社区大学,在录取学生方面不是那么挑剔,或许这一数字也就不足为奇了。令人惊讶的是四年制大学中有 25%的学生也在上补习课程。2008 年,两年制社区大学和四年制大学参加补习班人数的百分比分别下降到 24%和 21%,这是朝正确的方向迈进了一步,与美国的中学教育质量整体上有进步的观点是一致的。

学术技能能够留存多久？

一辆从芝加哥开往底特律的列车以每小时 60 英里(约 96 公里)的速度行驶。与此同时,在相邻的轨道上,一辆从底特律开往芝加哥的列车以每小时 45 英里(约 72 公里)的速度行驶。底特律和芝加哥相距 280 英里(约 450 公里)。问:要过多久两辆火车才能相遇?

实际上,我们所有人都在学校学会了如何解答上述问题,甚至在小学阶段就已经接触到。大部分人在几十年后却解答不了此类问题,这并不意味着我们最开始没有学会,而是因为我们没有重新使用此类问题的场合,所以忘记了。同样的道理,一些补习课程至少对那些曾脱离高中学习的学生来说是必要的。(上述问题的答案是 2 小时 40 分钟。)

大学教育的方向性转变

第二次世界大战之前,上大学在很大程度上是精英阶层才能享受的特权。大学教育的目的可追根溯源到古希腊,即启蒙心智,传承文明。学生毕业后,有可能回归家族企业或进入某一行业。第一次世界大战结束以后,《退伍军人权利法案》把成千上万的新学生送进大学校园,那些著名的州立大学开始扩张,大学教育的精英化也随之改变。大学变得更加奉行实用主义,其新使命包括教导学生经营企业,特别是经营大型公司。对于绝大多数新生而言,大学教育的目标就是帮助他们找到工作。

随着工程学的兴起,以职业为导向的教育功能愈发突显。工程师也从原来小范围的、某种程度上属于精英人士的职业转变成龙头企业的管理支柱——实际上成为企业的制造商。[12]

以职业为导向的教育目标大致贯穿了20世纪90年代。随着健康护理和金融等服务行业的兴起,制造业在国民经济中的比例开始萎缩,工程学也衰落了。信息技术方面的文凭开始吃香,正如健康护理专业一样。作为对管理类课程衰退的回应,经贸学校迅速发展。这些学校基本上都是为公司刚聘用的拥有学士学位的大学生提供经贸技能训练。

到2010年,一场更大的变革席卷了各行各业和所有专业,那就是以就业市场上合适的职业为目标的专业课程的兴起。比如在教育行业,学生只取得教育专业文凭已经远远不够。他们还要攻读副专业学位,如特殊教育、音乐疗法、咨询等诸如此类在教育行业中以特殊工作为培养目标的学位。这并不是因为这些专项工作是新的。在过去,准教师要花很长时间转移到这些角色上去,学一些在工作或培训中需要的任何新技能。现在,学生一毕业就直接进入这些工作角色了。

现如今,能想到的每项工作都有自己的学位课程,甚至是销售——贝勒大学(Baylor University)的职业销售中心专门教学生如何成为销售员。每种行业似乎都有自己的学位课程:内华达大学(University of Nevada)的博彩业管理,德雷塞尔大学及其他大学的建筑管理,许多大学都开设的酒店管理,等等。还有许多具有行业功能的混合课程:比如德雷塞尔大学的娱乐建设管理,圣约瑟夫大学(St.Joseph's University)的医药营销。

营利性大学对职业技能的强调和重视更是到了无以复加的地步。学校的招生广告似乎无处不在,通常是以如下画面为特征:一个人在某个特定的工作岗位上班,随之而来的是包含这项工作名称的一句广告词——“获得××专业文凭。”这些广告从来不许诺能替你找到一份工作,却刻意而强烈地暗示只要你在大学里获得了某个专业的文凭就一定会找到一份好工作。

在现行教育财政体制能为大学创造什么这个问题上,营利性大学对不合常理的经济刺激政策作出了很好的注释,那就是只要学生一直交学费,学校就会挣钱,而学生交学费最稳定的方式就是向政府贷款。如果学生中途退学,一旦他们已经交过学费,那么学校挣的钱可能会更多,因为学生离开学校了,办学成本自然就会下降。当然,只要他们源源不断地来学校报名,学生学完课程后能否真的找到工作是无关紧要的。一系列关于营利性教育产业的最新研究显示,这些学校往往青睐家境较贫困的学生,这些学生的家长较少关注子女的教育,因此在帮助学生顺利毕业方面,这些学校似乎做得更好。殊不知这些学生要付更高的学费,而且日后的工作境况会更糟糕。[13]

政府州立大学同样也在推动学生选择更加实用的专业,这些学校是没有财政优惠政策去吸取学生报考的:州立大学每培养一个大学生都要赔钱,所以越多学生选酒店管理专业就意味着越少的学生选更加传统的专业。有人认为应用型专业对州政府而言更实用,因为雇主喜欢这些专业,而学生也能就业。然而,正如稍后所见,相反的观点认为没有证据支持上述观点。或许并不奇怪的是,我们看到政府出资办学并以应用为导向的教育在其他国家也是备受争议,有时甚至是朝相反的方向发展。就拿印度来说,印度的高等教育体制准确地说是以培养职业技能为核心,如著名的印度理工学院(Indian Institute of Technology)。有人抱怨说,以传授职业技能为核心的教育目标削弱了印度大学教育的学术水准,使得大学很难培养出受过良好教育的毕业生。在意大利,大学生一直在埋怨政府试图使教育更贴近雇主的兴趣,说那样做会损害学生的长远利益。美国也有同样的问题,政府推动大学教育朝着应用方向发展而远离人文社会学科,这种现象被认为损害了旨在增强个人自由和自主性的美国传统价值观。[14]

精明的学生可以了解哪些学校无法为毕业生找到工作从而避免报考此类学校,这个观点在理论上是对的。然而,要真正做到这一点,学生手上必须有学校实际就业率的充分证据和资料。这类信息只有通过学校去搜集才会有,而如果学校察觉到就业率不好的话,校方就不会去收集此类信息。营利性机构的渎职滥用,如虚假广告、缺乏真正的教育和工作技能、糟糕的毕业率,以及最后糟糕的就业前景等,使得联邦政府以及各州司法部长以诈骗罪起诉了几家营利性大学,其中不乏几所最知名的学校。《华尔街日报》记者玛丽莎·科恩(Melissa Korn)刊登了枯燥冗长的起诉书和随后的诉讼材料。[15]对这类学校最引人瞩目的抨击来自喜剧演员约翰·奥利弗(John Oliver),他对这类学校进行了无情的揭露,声称这类学校25%的财政收入流入了市场。这一观点发表后第一周在YouTube上就有超过200万人次点击浏览。[16]部分为了回应市场上的这些曝光,时任总统奥巴马签署了一项行政命令,保护政府提供给退伍军人的教育福利政策,希望借此遏制咄咄逼人的营利性教育机构的营销手段。

如果所学专业和就业之间确实有联系，我们又该如何做招生宣传呢？这其实是一种营销，而许多营销材料都是靠不住的。职业院校典型的招生小册子都会大谈手工技能、指导老师的实际经验以及课堂教学，而对有关的就业情况却很少谈及。

学生和家长想了解的信息包括毕业后能立马找到什么样的工作，挣多少钱，以及十年后他们的境况会如何等等。学校几乎从不主动提供这样的信息，因为这种信息通常不会如人所愿。而且到目前为止，还没有国家标准要求学校汇报就业率的统计数据。（MBA 学位课程除外，这是该学位课程要求官方认可的学校以一致的方式汇报就业率的结果。全美高校和雇主协会目前有一套“第一目的地调查”系统，成员学校可以利用该系统以一种标准方式汇报就业率。一个合理的建议是看你考虑中的那些学校是否在使用这套系统。）学校本身没有错，但一些学生在职场上施展不开拳脚，还有些学生因为发生了一些足以改变他们命运的大事而偏离了职业生涯的轨道。结果，即便是最好专业的学生也经常一事无成。所以，平均就业率并不乐观。相反，学校都会大谈那些具有代表性的工作岗位，这些岗位往往就是他们的学生所能找到的最好工作了。

当学校真的提供有关就业率的统计数据时，你能相信这些数据吗？相关的一个问题是，汇报内容及其要求还没有统一的标准。比如，如果讨论工资问题，我们是仅仅计算那些在专业领域上班的人及那些全职员工的工资，还是要计算每个人的工资呢？

法律学校的摩根·克劳德(Morgan Cloud)教授和乔治·夏普德(George Shepard)教授研究了学校如何报道本校毕业生的就业率情况,他们得出的结论是这些报道如此歪曲事实和具有欺骗性,足以构成违法事实。甚至在有多少比例的毕业生找到工作这样简单的问题上,他们发现在一些法律学校即使学生还在等待工作或是兼职上班,也被算入了"已就业"之列。[17] 如果连法律学校都在用毕业生就业率的虚假信息去触犯法律的话,你就应该相信这种骗局已经无处不在了。

联邦政府已经计划出台规定,要求各所大学以标准方式就毕业生就业问题提供真实数据。但学校是否真的会这样做?如果会的话,这项规定何时得以强制实施仍然是个问题。即使学校想收集这方面信息也会发现很难做到,因为这需要学校跟踪那些已经毕业的学生,还有些学生不一定必须要回答他们在做什么工作,那些混得不好的毕业生最不愿意回答这类调查。为了感觉良好,许多人都会夸大自己的工作境况。

对学生毕业后的去向最准确的报道来自明尼苏达州的圣奥拉夫学院(St.Olaf)。该校的做法原理上很简单但实际上很严格:学校通过在线调查、同龄人之间的线索等方式一直跟踪毕业生。就拿2011届毕业生来说,学校跟踪调查了92%的毕业生,结果发现64%的毕业生已经上班了,26%的毕业生继续读研究生。当然,圣奥拉夫学院在许多事情上都是相当开明的,包括学校组织毕业生对学校评价的调查。数据2.2是上一届毕业生谈论工作的情况,如果想了解学生从典型的文科专业毕业后的境况,这些信息将特别有用。

数据2.2　财政独立

大学毕业后我的第一份带薪工作：	
与我的本科专业有关	58%
用到许多我在读大学时学到的重要技能	77%
与我期盼的职业道路有关	66%
是我找到的有意义的工作	76%
使我能继续成长和学习	82%
收入颇丰，足以支撑我期待的生活方式	66%
替我支付健康保险	64%
总体来说是一份令人满意的工作	78%

数据来源：Higher Education Data Sharing Consortium（HEDS，美国高等教育数据共享联盟）Alumni Survey：Classes of 2007—2010（July 2012）

因此，我们能做什么去了解某一门专业是否可以真正帮助学生找到工作呢？当然，如果一所学校没有关于就业率的统计数据或关于毕业生的就业情况，这确实是很糟糕的情况。有时，学校有这方面的信息但不公布，只有去该校的就业中心网站才能找到相关信息。

仔细阅读所谓的保证

几所大学在处理家长和学生所关心的毕业求职问题时,信誓旦旦地保证学生毕业后将找到工作。这种保证听起来确实不错,但究竟有多少实际意义呢?如果毕业后找不到工作又会怎样?你真的能要回你的钱吗?不可能。这样的保证有许许多多的陷阱。它们通常只对那些优秀学生管用,而且这些学生一直听从学校就业指导办公室的所有安排,有些要求学生先要有实习经历。找不到工作的补偿不可能弥补你失业的损失,大部分学校只是允许你多选择一些课程(如果想了解这些有关保证的例子,参见 Maryalene LaPonsie, "6 Colleges That Guarantee Jobs with Their Degrees," *Money Talks News*, September 11, 2014, http://www.moneytalksnews.com/6-colleges-that-guarantee-jobs-with-their-degrees/。

无论如何,了解毕业生更加详细的信息比掌握笼统的信息更为重要,因为后者几乎不可信,而且有必要进一步厘清相关定义。"就业"是意味着一份真正的工作,还是包括兼职或实习?"在你的专业领域"如何界定?报告里被代表的毕业生比例是多少?即使你能解答所有这些问题,其结果也一定存在偏见。因为数据是由毕业生自己报的,而他们历来报喜不报忧。

比较可信的数据来自学校就业办公室。他们或许不会告诉你哪些学生毕业后找到工作而哪些没有,但至少会公布那些用人单位提供的岗位以及有人已经应聘的岗位,当学生还在学校的时候,很少有学校会发布虚假信息。把没有直接上研究生院的毕业生总数减去就业办提供的就业数据,大致就可以知道这所学校在保证毕业生就业方面的情况了。

另一种收集毕业生就业重要信息的办法是参观校园就业中心，看看哪些公司在面试学生以及雇主想招哪些岗位的学生。看一看这些岗位是否真正需要学校招生简章上宣传的那些技能，还是说这些工作人人都可以做，比如入门级的销售或是前台服务岗位等。

如果你能直接从雇主那里得到信息，则会更好。想办法找到那些招聘某一专业毕业生最有代表性的雇主。如果是健康护理专业，就去当地最大的医院；如果是化工专业，就去找最近的化工制造商总部。如果你能找到这些雇主谈谈，问问对方对你所关心的那所学校毕业生的看法。如果他们没有在那所学校招聘毕业生，记住问清楚原因。

如何在大学里做得更好？

上文第一章提到，中途辍学是扼杀大学教育投资回报的最明显因素。不能如期毕业也会如此，尤其对于那些全日制大学生而言。如何才能避免这些糟糕的情况发生呢？高等教育界高度重视这一问题。学校都不希望学生辍学（有一些例外情况，稍后详述），因为学生辍学既影响学校的财政收入，又破坏学校的名声，特别是对于那些知名院校而言：知名院校招的是最好的高中生生源，如果这些学生都读不下去了，将会对学校产生负面的影响。

当有人问起如何帮助学校防止学生流失，学校会提供如下的回答，这些回答其实构成了你为什么选择上这所学校的重要

原因:[18]

· 大一新生研讨小组。这里指特意为大一新生编制的特殊班级,这些班级是初级入门水平,不仅任何学生都可以申请加入,而且班级足够小,以便辅导员认识每一个学生,了解哪些学生学习吃力,帮助新生建立和学校之间的某种联系。

· 助教计划。大部分学校都会有为那些学习吃力的学生提供特殊帮助的助教计划,区别在于这种计划是否成功,以及学生能否容易地获得助教的帮助。快速了解这些内容的方法就是去参观该校的助教中心——如果学校有这样一个中心的话——亲眼看看那里的助教。(清晨时别去那里,因为很少有学生那么早起床。)如果助教中心空荡荡的,那可不是什么好迹象,因为每个学校都有希望在课外获得帮助的学生。

· 建议干预特定的学生群体。有这些项目的学校已经了解到哪些学生群体很难在学校学下去,并尽力为他们提供特殊支持。最简单的帮助就是使这些学生免修超出他们能力范围之外的科目,因为他们有可能通不过这些科目。像那些为少数民族大学生、家族第一代大学生和大学生运动员提供的特别干预项目十分常见。

· 规定课程安排及考试项目。该项目建议学生避免选修那些超出自身能力的课程。比如,学生需要参加一次测试来检验自己是否有能力学好中级法语。这一点看起来似乎也不那么重要——或许我们认为学生总是会选最容易的科目。然而实际上,正如我们大多数人一样，学生往往对自己的能力过于自信，这一点很容易给他们带来麻烦。

· 综合学习辅导中心/实验室。该项目已超出了助教项目的范围，主要是帮助学生认知学习策略，处理那些超出助教中心所能提供的学习挑战。如果你问到这些学习项目而学校却以某个人指代学习辅导中心的话，那情况就不妙了。

更常见的是，最能预测学生辍学的指标之一是社会支持。大学生在校期间会相互交往吗？他们会定期去拜访师长吗？除大型学术报告会以外，他们会定期和同学交往互动吗？他们会认为住在小型生活小区会比住大宿舍要好得多吗？

在处理学生的问题上，学校正使用更加复杂的方法去获取资料。校方已经直接在课堂上使用照相机参与课堂教学，好让教授们知道有谁缺课。佐治亚州立大学（Georgia State University）使用往届学生成功的例子来预测某个学生学好不同专业的可能性。亚利桑那州立大学（Arizona State University）设立了一个项目，把那些开始在课程学习上遇到麻烦的学生标记出来。这些大数据解决方案大都在规模较大的学校里应用。在规模较小的学校里，这些方法能否很好地代替督察员真正地监督学生是另一码事，但是追踪学生在校的行踪和表现真的容易多了。[19]

学生能否读完大学以及按期毕业，最难评估的还是那些与学生本人有关的因素。因为对于成年人而言，有太多的原因会给他们带来麻烦：健康问题、情感问题、人际交往问题等等。下面是收集到的影响在校大学生学习方面的相关因素。可以想象，这些因素也影响着学生在学习和社会交往方面的表现：

· 学习目标。你有多么强烈的决心承诺会获得大学文凭？你是真的想上大学，还是觉得待在家里会更开心？你真的在乎学成毕业吗？即使别的事情样样都顺利，如果你没有动力如期毕业（或许你真的不能如期毕业），你会怎么办？

· 学习动机。你想获得成功的动机强烈吗？和其他所有事情一样，如果你不在乎学好功课，即使你觉得已经学会不少了，还是很有可能挂很多科。

· 学习的自信心。如果你上大学或干任何事情时总觉得自己做不好，第一次小小的挫折就会证明你确实做不好，你也会很轻易地中途放弃学业。

· 与学习有关的技能。包括时间管理技能、学习技能及学习习惯（比如做笔记、写提纲、运用信息资源等）。那些聪明的学生一旦养成不良学习习惯，高中毕业后将发现很难在大学里快速掌握这些学习技能（这只是我的个人经验之谈）。

· 总的自我概念。就像生活中的常规一样，那些觉得自身没有多大价值、缺乏自信的人会发现很难获得成功。

· 学校的承诺。你对自己所上的学校满意吗？如果答案是否定的话，那肯定学不好。也有例外，就是作为交换生转学到另一所大学的学生，急于摆脱目前境况的动力会推动他们获得成功。[20]

政府要求各个大学汇报学生留存率的数据，而该项指标中最使人关注的是新生留存率：多少比例的大一新生会继续读大二？在这方面领先的都是名校和私立大学。比如，在宾夕法尼亚大学，大致有 98%的新生会继续读大二。如此高留存率的部分原因或许是这些学校所选学生的品质。各所大学千方百计挑选具备所有成功要素的学生，而最知名的学府轻轻松松就能招到这些优秀学生。

尽管如此，私立大学在防止学生问题出现以及正确处理这些问题这两个方面往往会得到更多的支持和帮助。否则，你认为这些学校的全部学费都去哪儿了？这些学校学费增长的一大部分流入了校方兴办的咨询机构以及用来支付那些处理学生问题的行政管理人员。

在课堂上学得更好

学生在大学里应该做什么才能适应今后的职场需要呢？以下是我们必须考虑的一些问题。我们想从大学那里获得的，除了单纯的第一份工作，还有许多别的东西，比如发展人格，建立友谊和人际交往圈子，培养终身兴趣等等。回首大学经历，大学生很少会把谋求职业看成最重要的经历。

关于如今的大学经历，令人困惑不解的现象之一是现在的大学生比几十年前的大学生花在学习上的时间似乎要少得多。据研究者菲利普·贝比库克(Philip Babcock)和明迪·马克斯(Mindy Marks)的调查发现,1961 年全日制大学生每周要花大约 40 小时用于上课及学习功课。而到了 2003 年,这一数字下降到每周 27 小时。有可能是教学过程变得更高效了,所以学生不用花像过去那样长的时间去学习,但这种解释很可能是一厢情愿的想法。课堂时间变化不大,所以主要是课后学习的时间大幅减少,每周减少了大约五小时。其他追溯到 20 世纪 20 年代的资料显示,如果从那时算起,花在学习上的时间减少得更多。[21]

毫无疑问,那些在 20 世纪 20 年代金融危机以及在 20 世纪 60 年代公立大学大幅扩张之前上大学的,和 21 世纪大学生的天性有很大的不同。同样,他们所上大学的性质也不尽相同。现在,随着越来越多的学生上大学,也越来越多的人不在乎学习了,或许很多新课程的要求和过去普通课程相比较也没有那么严格了。尽管如此,变化之大还是令人吃惊的。

什么事情占据了学生们的空闲时间呢?学生花在休闲上的时间变化不大,这一点对那些付大学学费的人来说尤其让人欣慰。由于勤工俭学这一经济援助方式的兴起,全日制学生花在兼职工作上的时间加倍,达到每周 8.5 小时。虽然我们还无法确定学生在八小时左右的时间里还干了些什么事,但把现在的大学和几十年前的稍加比较就可以发现,如今大学校园里的课外活动(校内的体育运动、俱乐部、社区服务等等)比以前更重要。

从调查中我们还得知学生花在找工作上的时间也增加了。在为雇主培养学生的商业名校,学生花在招聘上的时间大大增加。这里有一个自相矛盾的现象，由于用人市场对学生有需求，学生要花很多时间在用人单位中挑挑选选，特别是还要接受来学校招聘的雇主的面试。学生自称每学年花在找工作上的时间高达每周20到30个小时，而且这段时间并非我们原来认为的集中在毕业前的招聘季节。在商业院校，竞聘暑期工在第一学年的秋季就开始了。法律学校也是如此，学生在三年学制的第一年就开始找那些至关重要的暑期工岗位。对于大学生而言，找工作是个漫长的过程，但竞聘暑期工每年都有机会。

有一种对这种情况的描述是，雇主在拼命地竞争以招到某些学生以至于使这些学生的学习经历产生了严重的分裂。另一方面对于雇主而言，没什么吸引力的学生也在尽力地想吸引雇主的注意。虽然这种情况似乎可以理解，但并不是我们所认为的劳动力市场运行的方式。

正如上文所述，大学学业成绩并不能预示今后在事业上能否成功，虽然大学生觉得上研究生院越来越重要，也知道读完研究生后能找到更好的工作。我们也确实知道学生怎样才能在大学里学到更多的东西，至少拿分数衡量是这样的。

关于同伴效应对个人行为的影响，社会学家已经了解得越来越多。这些影响在大学里尤其明显，或许是因为大学生大都是第一次离开家人，与其他人共同生活。关于大学里同伴效应最早且最有影响的研究之一来自达特茅斯学院。与许多学校一样，在那里室友是随机分配的，这样有利于开展研究。经济学专家布鲁斯·萨塞尔多特（Bruce Sacerdote）调查发现，室友功课做得比较好的学生一般来说功课也会做得比较好。[22]随后的研究证实,大一新生承认在做一些诸如吸毒之类冒险行为的决定时,室友的影响不容小视。而且那些因为学校课程而组建的学生团队也会产生同伴效应。道德提示,近朱者赤,近墨者黑。总而言之,如果你就读的学校人人都认真学习的话,你也很可能会更加认真地学习。

大学经历最糟糕的结果之一是中途辍学。有许多理由解释为什么辍学很糟糕,然而辍学对就业市场的影响是最明显的。许多因素都能影响中途退学的决定,其中有些因素不是学生本人所能控制的。最让人担心的是那些学生自己可以控制的、本可以避免辍学的因素。这些因素中,最重要的或许与学生的自我期待有关。托德(Todd)和拉尔夫·斯汀布里克纳(Ralph Stinebrickner)发现,至少在一所大学里,那些辍学的学生往往对自己的能力过于乐观。他们还发现对于自身能力不合理的期待导致一些读自然科学的学生中途退学。[23]心理学研究结果告诉我们,关于能力的期待会以两种方式产生作用。首先,如果我们认为自己有超强能力的话就不会努力学习,因为觉得没有必要那样做,结果自然会学得很差。其次,许多人往往相信成绩大都来自个人能力而非辛勤努力,所以当一个人认识到自身的能力远非自己想象的那么巨大时,他很可能会选择中途放弃。

关于如何激发学生学习兴趣的宣传资料铺天盖地,最简洁的回答似乎是激发学生学习兴趣就像激发人去做任何事情一样。待在学校搞好学习,奖惩都已经非常清楚了。大部分研究关注那些容易操作的因素，比如转变学生在多大程度上可以控制自己学习成绩的观念（比他们想象的要多），树立学习目标等。研究资料显示，提供使用这些技巧来提高学生学习动机的咨询课程的确有效。从中得到的启发是学校应当检查这样一些学习辅导课程，并且对于那些旨在提高学习动机的复杂课程予以特别关注。

然而，学习本身仍然很重要。研究资料表明，考前临时抱佛脚无济于事，经常学习才是王道，而且复习那些应用性问题也大有益处。[24]

大多数学校都有辅导课程和其他项目来帮助那些在课堂学习方面有困难的学生，但这些课程并非都很好。尽管如今是在线学习年代，提供好的帮助需要有熟练的技术人员。他们能够诊断学生的学习问题，提出好的解决方法，跟准学生的学习节奏。

这一切都需要花钱。

如今，差不多所有学校都有心理健康咨询中心和危机处理办法。然而所有这些并非都是有效的，最好的办法是防患于未然，在危机发生之前就去化解它。这可能是个过高的要求，因为从定义上，大学班级里坐满了各所高中最优秀的毕业生，而其中的大多数人在新的班级里不可能成为最优秀的学生。无法实现学生本人或其父母及家人的经常性预期目标所带来的精神压力几乎让人无法忍受。

沃顿商学院有一套基于计算机的模拟系统，可以帮助那些获得录取的大一新生作出一些关键的决定，然后跟踪调查这些学生以便检测这些决定在变成现实之前的结果。[25]哈佛大学设计了一套方案，帮助学生理解成功对于他们来说意味着什么，并借此开拓学生的视野，使他们从仅关心分数转而关注大学生活的方方面面。[26] 斯坦福大学的课程尤其关注适应能力，强调学生能面对失败继续前进。[27] 所有这些课程的设计目的都不仅仅是要帮助学生不带情感危机和其他相关危机去完成大学学业，还要帮助学生勇敢地面对大学毕业后人生中的种种困难和挫折。

收费昂贵的私立名校比公立名校学生毕业率更高的原因之一是，前者有更为广泛的学生辅导项目来帮助他们顺利毕业（以斯坦福和伯克利大学为例）。这些学习辅导课程收费很高，因为需要许多训练有素的辅导员，这就是为什么并非所有大学都能开设这些课程。如果我们现实地想一想学生要在大学里获得成功到底需要什么，就会发现像上述的学习辅导课程远比吸引人的宿舍楼和高档健身房更重要。许多家长并不认为自己的孩子在大学里需要特别的帮助，并且认为那无疑是概率极小的事情，因为那些在大学里遇到问题的孩子的家长并不一定会谈论这些问题。计划上大学而不考虑大学里是否有辅导项目，就好比去登山而不查看是否有能帮助你摆脱危难的救援服务，后果一样可怕。

到目前为止，讨论的焦点都是围绕那些影响学生读完大学的问题。有些问题来自学校本身，其中最常见的一个问题是某些特定专业和学位的要求。学生经常发现自己无法学完一门课程或至少无法按时完成这门课程，因为他们无法满足学完课程要求的条件，或者这门科目的先决条件太难了，学生根本完成不了。

学校为什么要制造这样一种局面使学生通不过毕业需要的

科目呢?并非学校有意为之,之所以这样是因为其他目标挡了道。把这种局面想象成一个供应链的问题:全体教师开出各个专业所需要的课程目录,当然并没有一定要让学生轻松通过该门课程的目的;随后才决定谁将教那些必修课程,而这一决定是要放在第二位考虑的,首先要考虑的是每一位教师能教什么、想教什么、何时去度假等等。

怎样才能判断学完某专业是容易还是困难?专业越复杂,越有可能出差错。什么使得专业变复杂呢?要求的科目越多,横跨院系和学校的科目越多,特别是专业中课程要求的先决条件越多的(比如,要求学生在选最后一门科目之前要依次选学三门科目),就越有可能出差错,从而导致学生不能如期学完专业课程。按照一定的顺序选学科目或许是最大的问题,因为在整个环节中任何科目出现问题都可能会导致延期毕业。

上大学会更便宜吗?

美国的大学是非常昂贵的机构。毫无疑问,学生完全可以不用花那么多钱接受大学教育,如今关于这一点的可能性有许多的议论。能否大幅降低成本而接受相同的教育是一个比较难回答的问题。比如在世界其他许多国家,学生上大学的时候是和家人住在一起的,这当然会降低上大学的费用,不过这样也消除了学生"学会自我生活"的经历,而这一点正是许多人认为美国模式最有价值之处。我们也可以组建更大的班级,雇请老师教更多的学生而且不用花时间做科研,取消在近来成本上升中所占比重很大的援助系统,削减课外活动,把课外作业换成可以用计算机评分的单选题测验,等等。所有这些方法都可以大幅降低上大学的费用。

最近几年,一种新的课程模式慕课(MOOCs)——大规模开放性在线课程(Massive Open Online Courses),引起了广泛关注和高度重视。该创意始于麻省理工学院,该校要求全体教师把他们所有的教学材料全部上传到网上。在实际操作中,真正上传到网上的都是些幻灯片和讲义。从这些早期的课程教材可以看出,如果没有课堂学习,只从这些幻灯片和讲义中学生是不可能学到很多东西的。

然而,慕课是超越幻灯片和讲义的重要一步。这种课程形式实际上是教师通过网络授课。学术讲座被拍成录像,有时网上也提供教室里的师生讨论,还配有讲义、幻灯片等等。只要有互联网连接的地方,学生基本上就可以上网选课了。这在许多人眼里似乎是一个范例转化,当然那些一个世纪以前就知道有这种变化的人除外。专家教师把所有的讲义连同问题、答案、范例、点评等放在一个单独的平台,学生随时随地都可以进入这个称为课本的学习平台。20 世纪 60 年代,美国的许多城市都有像"日出学期"(*Sunrise Semester*)之类的电视节目。该类节目通常是在每天清晨常规电视节目播出之前,由当地的大学教授上一堂电视课程。实际上,不同于其他的在线课程,学生是可以从"日出学期"这样的电视课程中得到大学学分的。从 20 世纪 90 年代开始,光盘软件教学取得了相同的效果。

当成千上万个主要来自发展中国家的未来大学生注册参加这样的在线课程时,慕课引起了广泛关注。很少有人注意到,实际上没有一个学生完成这些课程。

然而,基于在线课程,甚至是基于课本,我们当然可以有很便宜的授课方式。我们可以设置在线测试来了解学生对网络课程内容的掌握情况。如果学生通过这些测试,可以给他们相应的课程学分。实际上,近年来急速增长的以技能为基础的职业资格考试已经采取了类似的模式。专业的测试公司提供安全可靠的设备来确保参加测试者独立完成测试,而且无论课程是如何学完的,只要通过测试就会发资格证书。

可以这样说,学生如果通过了32场与大学课程内容有关的考试,他就可以拿到大学文凭。一些学校已经这样做了。亚利桑那大学的继续教育学院(the University of Arizona's Outreach College)主要提供在线课程教学。该学院发布通知称,星巴克将为那些想要在他们学院攻读学位的员工付学费,因而报考该学院的人数剧增。[28]这和亚利桑那大学常规的学士学位是一码事吗?当然不是。到目前为止,各所大学都在尽力把在校教育品牌和在线教育品牌区分开。在线教育能使毕业生在求职市场上的就业机会大增吗?就目前我们掌握的情况来看,答案是否定的。想一想稍前提到的GED高中同等学历。尽管该学历表明在学习材料的掌握方面至少和普通高中学历一样,但相比较之下该学历带来的报酬要少得多。从稍前关于雇主感兴趣的教材分析来看,雇主对大学教育中的学习内容并不十分在意。准确地说,他们在意的是那些无法在网络教学中学到的工作经历。

由《高等教育纪事报》(*Chronicle of Higher Education*)组织的一次对雇主的调查证实了上述结论。当雇主被问到如何看待传统的四年制大学时,他们把那些学生能够自主学习并且能够随时通过考试获取学分的所谓“以能力为基础”的课程排在最没有价值的位置上。同样,三年制课程的排名也较低,雇主们认为三年制课程要么没有四年制课程中的实习期,要么削减了一些选修课程(见附录中的分数栏)。两者的主要区别大概在于三年制课程学习中学生学习成长和从事课外活动的时间要更少。正如 GED 学历一样,学生对学习内容的掌握程度并不是关键。

几十年来,大学一直在试着提供更便宜的、预先准备好的课程教学材料,比如录制好的学术报告和那些纳入标准班级教学的模式。在某种方式上,大多数学校确实使用了这样一些教材。没有资料显示这些教材对大学教育,尤其是学习特别有用。即使如凤凰城大学(the University of Phoenix)这样的商业教育机构也知道完全靠网络教学根本起不了特别大的作用。他们在全国各地修建了传统的教学楼,与大多数学校一样做着相同的事情来传授大部分的教学内容:教师站在讲台前面给更小型的班级上课。

如果将来大学教育会变得更便宜,那也并不意味着学费会下降,成本和价格不是相同的概念。如果上大学便宜了,省下的钱很可能会用到其他新的项目或社区福利上。现在大学的收费并不是基于办学成本的。记住:在大多数大学,学费并不包括办学成本。因此,如果希望在降低大学学费的成本方面取得一些突破,其结果很可能会令人失望。

美国之外的高等教育市场

要获得低成本教育的一个非常简单的方法就是离开美国。除非选择所在州的公立院校,不然,实际上,世界上其他任何国家的大学教育都要比美国便宜,即使对于外国人来说也是如此。比如,在牛津大学,罗德奖学金(Rhodes Scholars)的许多获得者选修著名的政治学、哲学和经济学课程的学费按现在的汇率大约是25 000美元,这与美国名校的费用相比绝对算得上便宜,而且三年之后就可以拿到学位。当然,首先你必须被录取。

苏格兰的大学是四年制的,看起来更像是美国模式(实际上美国模式是借鉴苏格兰的)。该国的大学学位被认为更便宜,视不同的学校和汇率而定,接近15 000美元。如果离家近的话,加拿大的大学学费也很便宜,和英国的差不多。如果学生想离开英语国家去上大学的话,学费会更便宜。即使对于母语者来说上大学也够难了,因此,想要掌握一门新语言,熟悉一种新文化,以及应付那么多大学水平的功课,对于大学生来说是很容易被压垮的。

为什么不离开美国去上大学呢？我们看到那么多的外国学生来到美国求学,其中必然有一定的道理。一个缘由就是我们没有看到外国学生来美国求学失败的例子。美国绝大多数大学的咨询服务机构都知道这些外国学生如果要达到美国大学的要求,就必须克服许多意想不到的困难。正如上文所述,美国大学有许多帮助这些困难学生的援助服务,而这些服务在其他国家则要少得多。

在美国之外的国家上大学最大的风险是毕业后的就业。如果你毕业后想在加拿大找工作,那么在加拿大上一所大学就可以了。但如果你想回美国找工作的话,就别指望你的加拿大母校能帮上什么忙。就校园里的就业指导服务系统而言,其他国家远远不如美国那么发达。别的国家即使有也只关心当地的雇主。如果你想大学毕业后继续读研究生而不是就业,最好去国外的大学深造,只要这所大学是国际认证的就可以了。但如果你想毕业后找到工作,尤其是想回美国找工作的话,你就得靠自己的努力了。

关于美国教育有大量的错误信息。民众的大部分注意力集中于中小学基础教育(k-12),在这一点上我们做得比大众认为的要好。较大的挑战或许来自高等教育,我们输送了大批学生,付出了巨大代价,毕业率却非常糟糕。我们都希望大学教育能让毕业生找到更好的工作,但愿望能否真的实现又很难评估。我们知道的只是各所大学在各个方面存在巨大差异:办学成本、学校能为学生提供的教育、学校帮助学生规划职业人生等方面。这些差异对于上哪所大学、读什么专业有回报等问题非常重要。我们接下来将讨论这些话题。

第 3 章

上大学有回报吗？

——视情况而定

上大学是否有回报是一个很复杂的问题,因为这个问题涉及许多不确定的因素。想要知道大学毕业生挣多少钱并不太难,但他们挣多少钱取决于上哪所大学、读什么专业以及何时毕业。这些方面存在的差异太大了,所以了解平均工资水平对大学生作出个人决策真的没有多大帮助。

接下来的问题是要尽力去了解上大学的成本。如果花费太高,挣得再多也没有多少意义了。这一点将在下一章谈到。与挣多少钱相比,上大学是否有回报这个问题最难回答的是什么呢?正如第一章提到的,许多学生在上大学之前就非常能干了,即使不上大学,他们在今后的人生中也可能很出色,所以很难确定他们日后的成功有多少应该归因于上大学,还有多少应归因于那些使他们能够上大学的自身品质。大学教育的一部分价值就是学会成长,这一点即使不上大学也会顺其自然地发生。

最后的关键问题,或许也是最难的一个问题,是要谈一谈今后的就业市场行情。当然,过去的市场表现并不能保证将来的行情。未来的就业市场会像20世纪90年代——一个为上大学有回报提供了许多有利证据且最相近的时代——那样火爆,还是像现在的后衰退时期一样,处于自经济大衰退以来最糟糕的状态?

一个有关上大学的经济利益的简单说法，也是大多数人普遍关心的一个问题是“大学生工资收入”，意指相较于高中毕业生的平均工资而言，劳动力市场上大学毕业生的平均工资要高多少。平均来说，这两个就业团体很可能从事不同的工作，这一事实是产生工资差额的主要原因。

不考虑通货膨胀的因素，麻省理工学院经济学家达龙·阿西莫格鲁（Daron Acemoglu）和大卫·奥托（David Autor）根据员工的受教育水平，计算出他们每周的平均工资。受教育水平分为：高中辍学者、高中毕业生、大学肄业者、大学毕业生以及有研究生学历的人。[1]不同群体的工资差距最让人感兴趣的一点是随着时间的变化，这种差距会改变多少。结果发现，在 20 世纪 60 年代早期、70 年代中期到后期，高中辍学者、高中毕业生以及大学生每周的收入几乎一样多。这一结果让人很难相信当下人们关于大学教育具有增加收入的巨大价值的观点。

然而，1981 年经济衰退之后，情况立刻发生了变化。那些没上过四年制大学的员工的真实工资开始锐减，并且一直延续到 90 年代早期；对那些高中辍学者而言，情况更糟糕。高薪行业大批量生产的结束，以及低薪竞争的兴起足以解释上述现象的发生，这种现象在中国尤其严重。大学毕业生的工资也未能幸免，但至少恢复得很快。至 90 年代末期，他们的工资恢复到 70 年代初的水平。

大学毕业生实际收入的增加和其他员工工资的持续减少，这种两极分化的结果产生了不同群体收入之间的巨大差异，给大学毕业生带来了可观的工资收入。但我们应该记住的是，大学生收入的增加主要是建立在那些没上过大学的群体收入减少的基础之上。从这点来看，大家会觉得上大学是有回报的，因为如果你没有大学文凭的话，你的收入会很糟糕。就在 2008 年经济大衰退之前，大学毕业生比高中毕业生要多挣大约 60%。经济大衰退期间，大家的工资收入去哪里了是一个值得争论的话题。美国教育部计算出大学毕业生和高中毕业生的收入差距从最高值的 69%下降到 63%。

工资收入的多少是更多人选择上大学时首要关心的问题。正如专栏作家大卫 · 莱昂纳德（David Leonard）在《纽约时报》中所说："由于担心投资失败而决定不上大学是一个人在 2014 年里从经济角度作出的最不合理的决定之一。"[2] 然而，有很多理由令人质疑他的这一结论。第一条理由很简单，那就是大学生的工资收入明显是一个不稳定的测量值，尤其这是以 1.6 亿劳动力大军的平均工资为基础来计算的。在 20 世纪 60 年代早期和 70 年代后期，差距实际上是基本不存在的。鉴于我们所见到的情况，认为这一差距还将继续存在的想法似乎不太可能。经济变化不仅能改变大学生的工资收入，还能改变上大学的人数。一个大家普遍接受的关于 20 世纪 60 年代末到 70 年代劳动力市场的观点是，大学毕业生大量涌入就业市场不仅使得工资收入降低，而且实际上对经济发展是一种拖累，因为这些毕业生都是没有工作经验的新手。

人们一直在争论为什么大学生工资收入会发生变化而且有

可能还要再变。政治经济学家和社会学家一般都认为政治变革把社会权利转移到雇主手中，工会组织的衰落消减了工人维护工薪的能力，降低了高中毕业生的工资收入。换句话说，市场上讲的是那些没上大学的人收入锐减的故事。经济学家往往相信经济的变化提高了教育的价值，这一结论与供求关系有关。20 世纪 80 年代早期到 90 年代早期，相较于整体劳动力而言，大学毕业生的供给一直在增长。一方面是因为在婴儿出生高峰末期出生的人加入了劳动力大军，另一方面是因为更多的高中毕业生选择上大学。因此，如果大学毕业生人数在增长，相关的工资收入也在持续增长的话，那一定表明市场对大学毕业生的需求也在增长。也就是说，这是一个关于大学毕业生需求关系的故事。

问题是未来会发生什么？目前的现象，是一种类似 20 世纪 70 年代低收入时期的反常现象，还是一种永久现象？

认为工资在上涨而且会持续上涨的言论大都来自经济学家，因此社会陷入了一种知识就是财富的思维之中。“技能偏好型的科技变革”这个习语被经济学家用来解释为什么工资收入会增加，而且有可能会继续增加。他们声称，在经济领域由于经济的进步，经济对技能的要求总是在提高，而进步的技能要求对大学毕业生的需求量要远远超过对高中毕业生的需求量。鉴于这一情况，我们得知大学毕业生和高中毕业生工资收入的决定因素取决于这两个群体的供给数量。

我们知道，新技术当然不会总是提高技能要求。比如，工厂里的装配线设计很精细，从而减小了对人工操作的技能要求。但是随着 20 世纪 90 年代后期信息技术的兴起,编程、IT 系统等相关工作让人觉得现在技术又在决定工资收入了。确实,许多类似例子表明只要从事使用计算机的工作就可以让你的收入更高。

21 世纪头个十年里关于技术更复杂的观点是,信息技术为那些建立技术系统的人创建技能要求更高的岗位,而对那些使用这项技术的人却降低了技能要求。打个比方,创建文字处理软件需要相当高的技能,但是使用这种软件还用不上打字员通常具备的技能。这种解释似乎能说明 21 世纪头十年里出现的工资收入的不均衡。

从那时起发生的事情进一步混淆了人们的视听。2008 年,金融危机造成的经济大衰退是新千年的一个标志性事件,据估计全球大约有 3 亿人因此失业。2014 年美国经济总量相比最乐观的估计衰退了近 13%,然而人口却增加了近 13%,所以每个人的经济损失都是巨大的,但付出的代价不尽相同。[3] 那些失业的人比继续上班的人显然失去得更多,那些在经济大衰退期间进入就业市场的人比在此前就业的人更难熬。

不仅如此,还有一些迹象表明就业市场发生了其他一些令人不安的变化。种种迹象表明,对认知能力有更多要求的岗位数量一直在缩减。如果这样的话,大学毕业生就会发现市场对技能的需求变得越来越少,反过来他们就会去谋求那些对技能要求不高的工作。在这个过程中,他们“挤压”了那些没有大学文凭的求职者,于是这些人只好去谋求更低技能要求的工作或根本就找不到工作。相当多的证据表明，在经济大衰退期间，上述情况已经司空见惯。正如多位作家指出："相对于 20 世纪 90 年代而言，未来甚至对熟练工人的需求也会减少。在这个成熟的市场中，拥有一个文科学士学位不太可能找到高薪的管理类或技术类岗位，却有可能击败受教育程度更少的咖啡馆服务生或办公室人员。"[4] 虽然这只是个猜测，但并非毫无根据。

正如上文所提到的，另外一个经常用来解释大学生工资收入缩水的基本原因是，与普通高中毕业生相比，普通大学毕业生在上大学之前就具有许多优势。那些念完大学的学生也展示了一些或许在上大学之前就有的宝贵能力（比如坚持力），尤其与那些没读完大学、最后"仅高中毕业"的学生相比时更是如此。

关于大学生工资收入，通常认为只要高中毕业生上了大学就可以挣得和大学毕业生一样多。情况没有那么简单。如果那样的话，高中毕业生可能会挣得更少，而上了高中的大学毕业生反而会挣得更多，因为这些人在 18 岁的时候就具备了更强的能力和更大的优势。

一直以来，大学生工资收入的问题也不是一个非此即彼的简单比较。1981 年，在 18 至 24 岁年龄段间只有 26%的年轻人上四年制大学。到了 2011 年，这个数字上升到 42%。随着时间的推移，更多有能力的高中生选择了上大学。因此，定义上的"仅高中毕业"的人口越来越少。[5] 另外一个重要的说明是现在计算大学生收入时 GED 学历是作为高中同等学历来计算的，尽管情况并不一贯如此。我们知道 GED 学历持有者的工资要比普通高中毕业生工资低得多。把 GED 学历计算在内,开始于数据预测大学生工资收入有大增长的时候。所有这些因素都使得目前大学生的工资收入更没有代表性。

计算大学生工资收入时一定要小心谨慎,其中最大的原因或许是要把劳动力作为一个整体来计算,而其代表的普通工人已经毕业几十年了。没有理由期望刚毕业的大学生挣得和那些年纪更大或是更有经验的普通工人一样多。即使现在我们知道在最近一段时间内,年龄在 25 至 35 岁之间的大学生年工资收入要比那些很久以前毕业的大学生年收入高出 50% 至 60%。我们也许会认为,如果大学里学到的技能是工资收入的推动因素的话,那么相反的情况也应该是对的:随着工作经历越来越重要,上大学本身带来的好处开始逐渐消减。

如果回顾一下过去十年间 21 至 24 岁的年轻工人工资发生的变化,我们就可以知道最近大学毕业生的经历了。自 2002 年以来,高中毕业生和大学毕业生都见证了真实收入的减少,所以这实际上是一个关于哪个群体的收入在减少及减少得最快的问题。男大学生收入一直不稳定,女大学生收入所受冲击更严重。性别差异或许是因为男性主要从事制造业和建筑业工作,而女性主要从事服务业工作。男性的工作更有可能遭遇裁员,女性的工作遭遇裁员的可能性小,但经常会遇到减薪。[6]

美国大学生的工资收入几乎达到世界最高水平,比其他工业国家的大学生工资收入都要高（只有智利、巴西、匈牙利和斯洛文尼亚等国的大学生收入略高一点）。正如前文所提，在意大利和中国的就业市场上，新毕业的大学生比高中毕业生更难找工作。这或许会让人们不再认为美国大学生的工资收入水平赶不上其他国家了。

大学毕业生的工资收入要超过高中毕业生，这一点对于那些想要了解经济走势及其缘由的人来说至关重要，但对于预测大学文凭在今后若干年里是否会有回报并没有多大用处。部分是因为工资收入的计量标准一直不稳定，甚至向后看，主要以几十年前毕业的学生的工资收入为基础。还有就是因为高中毕业的工人和大学毕业的工人除了学历上的差别，在其他许多重要方面也有很大的差别。

可以把大学生工资收入想象成全球气候变化，这一变化告诉我们地球上正在发生的重要事情，但不会告诉我们关于下一周天气情况的有用信息。我们需要参考其他数据来决定这周是否要加件外套，同样我们需要大学生工资收入以外的数据来预测一个特定的大学学位在经济上是否会有回报。

到目前为止，大学毕业生相较于高中毕业的同龄人最大的优势在于找工作。最近几十年，有学士学位的普通大学生的失业率是那些只有高中文凭的普通工人的50%左右。这是不是强烈预示着大学教育的回报呢？许多观察员和分析员，包括前任总统比尔·克林顿都反复发表相关言论。最近几年毕业生的失业率情况又如何呢? 实际上,差距正在逐年增大:24 岁以下的高中毕业生失业率是 19%,但是大学毕业生失业率不到 5%。所以从这一点上说,念完大学有很大的好处。

然而,并非所有国家的情况都是这样。在好几个国家(这里只提几个国家:韩国、瑞士,还有前文提到的中国和意大利),大学毕业生的失业率甚至比高中以下学历者的还要高。许多国家两者的失业率差不多相同。事实上,美国高中毕业生(包括高中辍学者)和大学毕业生失业率之间的差距在所有发达国家中位居前列。

美国大学毕业生的低失业率经常被用来证明市场提供的许多工作都需要大学里所学到的技能,但事实往往并非如此。一名大学毕业生可以做绝大部分只要求高中学历的工作,而且有大量的大学毕业生一直在这样做,从而导致高中毕业生失业。美国大学毕业生失业率如此之低,似乎是因为他们抢了那些原本应该属于高中毕业生的饭碗。

我们还知道要想挣到大学生标准的工资收入,就需要找到一份能用上大学水平技能的工作。一名大学毕业生在工作中如果只用到高中水平的技能,那他挣的钱就只会比高中毕业生多一点点。在理查德 · 弗里曼(Richard Freeman)发现从 1969 至 1974 年大学毕业生工资与高中毕业生工资相比锐减这一令人吃惊的结果之后,其他人开始研究工人所受教育超出所从事工作的要求时会发生什么。经过美国国内外的研究发现,当工人所受教育超出工作要求时，他们的工资要低得多，非常接近于那些所受教育刚好匹配工作要求的员工工资；对工作满意度较低；往往会被大材小用，而且相对于受教育程度而言，报酬过低；等等。

美国大约有1/3的工人所受教育超出了工作要求。换句话说，这些人处于未充分就业状态，挣的钱只有那些受教育程度和工作要求相匹配的同龄人的一半。当然，那些目前尚未充分就业的人未必永远待在这些岗位上，但令人沮丧的发现是未充分就业带来的压力起初往往会持续很长时间，在有些研究中甚至长达几十年。[7]大学毕业后，有人等上几个月才找到工作；有人由于找不到需要大学文凭的工作不得已在酒吧当了好多年的服务生；这两者有很大的区别。人生苦短，不能充分就业的日子很难熬。在这个大背景下，一方面不断地要求学生本人为学习技能买单，另一方面又告诉他们不要担心教育过剩的问题，这本身就不现实。

毫不奇怪，在职业入门阶段资历过高的可能性较大，因为那个时候新手在工作中很少能学到技能。这种可能性随着行业的不同而变化，而且在就业市场强盛的地方很少发生。表3.1列举了不同专业的大学毕业生未能充分就业的可能性。请注意，被认为最以职业为导向的商贸专业与被认为最没有职业导向的文科专业，二者在大学毕业生未能充分就业的可能性上的差距其实微乎其微。

表 3.1　2009 至 2011 年不同专业大学毕业生就业率分布图

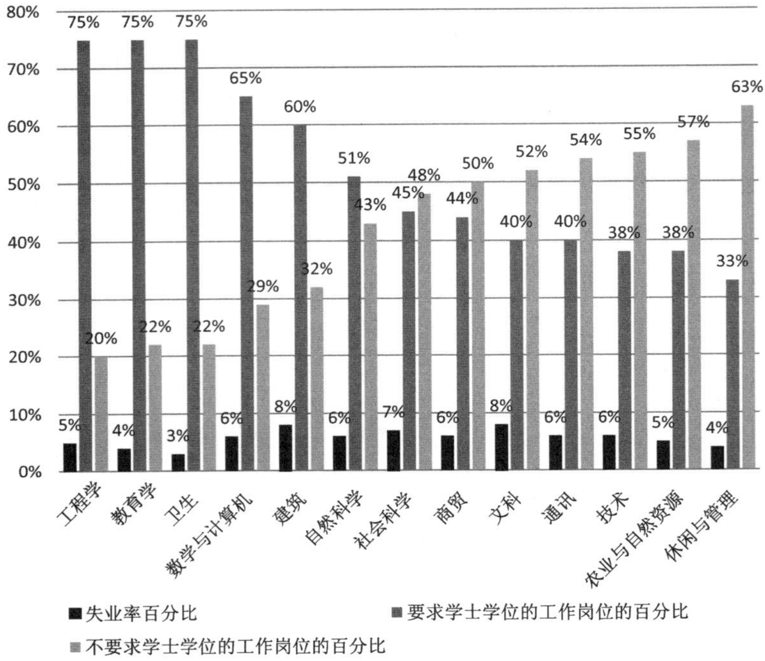

注释:近期大学毕业生是指那些年龄在 22 至 27 岁之间、拥有学士学位或更高的毕业生。所有数据不包括目前在校学生。由于数据均已取整,因而每组数据相加结果不一定为 100%。

数据来源:Janelle Jones and John Schmitt, *A College Degree Is No Guarantee* (Washington, DC: Center for Economic and Policy Research, May 2014), http://www.cepr.net/documents/black-coll-grads-2014-05.pdf

那些发现自己的工作只需要高中学历的大学毕业生将怎么办呢?不需要大学文凭的话,很少有人能找到更好的工作——这里指每年能赚到45 000美元甚至更多的工作。最近刚毕业一两年的大学生工资都达不到平均数，尤其是从2007年及经济大衰退以来，许多毕业生去干原来只有高中毕业生才干的活。近期毕业生中垫底的10%赚得比高中毕业生的平均工资还少。当然，有些大学毕业生选择了从事戏剧、艺术等工作，而这些起初几乎是赚不到钱的，所以上述现象也就不足为奇了。不同的评价标准呈现了近期大学毕业生找不到与学历相匹配的工作的种种情况。相比以前的普通毕业生，他们更难找到一份好工作，而更可能找到一份差工作，而且还是兼职。这些差距自2000年以来日益扩大。[8]

雇主能否从这些学历过高的员工帮助中受益是另外一个问题。如果他们为发挥这些员工的特长而重新设计工作，他们或许会从中受益。当然，并非所有雇主都有这种能力。就这一问题的研究报告有三种结论：没有效果；有些调查发现是负面效果；相对较少的研究有正面效果。[9]

学历过高似乎与最近一项针对大学毕业生的令人沮丧的调查发现有关。调查中的大学生都是在经济不景气期间毕业的，这直接导致收入缩减，未来十多年看不到好工作的前景。有些学生不得不选择那些根本没有吸引力的岗位，因为这些糟糕的雇主减缓了他们招工的行动，而且想招那些有工作经验、适合岗位要求的员工。做很糟糕的工作，为糟糕的雇主打工，会使大学生的职业前景雪上加霜。对于那些找到工作的最出色的毕业生而言，负面效果将会延续五年左右。对于那些最没有能力的毕业生而言,负面的影响会持续十年或更长的时间。[10]

如果大学毕业是在经济下滑期间,或更糟糕的是在经济下滑之初,或所要进入的行业开始走下坡路时,那你的运气真的是太糟了。不过,有办法可以回避这种噩运,这一点稍后再讲。

一种计算大学教育回报的更好方法

前文提醒说依据大学生的工资收入来预测读大学是否有回报的观点,常常会忽视上大学的成本,包括像学费这样明显的成本。上大学的成本非常巨大。当然,他们有可能比不上大学赚得更多,但还是赚不到足够的钱来偿还上大学的费用。

当我们问做一件事是否有回报时,首先要明确所谓回报是否包含了成本。更高的工资能为学生赚回上大学的成本吗?其次是学生从大学得到的回报是否能像学生用上大学的成本去进行其他投资的一样好。回答这个问题的方法是用金融方法计算出这些投资的回报率。

计算一项金融投资的回报率是一项简单操作。评估对一家财富 100 强公司的一项投资回报时几乎不会有什么争论。但大学教育投资千差万别,所以要估算它的回报远没那么简单。为什么会这样呢?一部分原因是上大学的成本很难计算,所以回报也就很难算清楚,尤其是关于大学教育几乎没有什么特定的标准。

首先还是谈谈成本问题。学费、住宿费，还有其他费用都一清二楚，而有可能申请的财务补贴越来越少。然而，我们该如何计算上大学所花的时间“成本”呢？如果学生不上大学能做什么呢？如果去工作，他们将做什么？又能挣多少钱呢？

大多数人忽略了计算过程中的复杂点：假如学生不止花四年时间毕业又该如何？如果学生根本毕不了业又该如何？每届大学生中都会遇到一两个刚才提到的麻烦事情。

因此，我们该如何看待大学教育回报这个问题呢？学生即使不上大学也要挣钱谋生，所以不能把他们挣到的每样东西都归功于上大学。再者，因为那些享有特权和更有能力的人往往会上大学，他们一般比没有大学文凭的人挣得多。从经济学的角度来看，过去的投资回报并不一定预示着将来的投资回报。我们能假定一个人未来的工资收入和目前普通员工的工资收入一样吗？那或许是我们最好的假设，但也不一定准确。

最后，我们来谈一谈这个问题：从劳动力市场的角度来看，不同的学士学位之间是没有可比性的。由名校颁发的金融学位和由普通院校颁发的舞蹈学位在一个完全不同的劳动力市场上，没有优劣之分。不同院校和不同专业之间的差别如此巨大，所以“平均”回报率和个人作出金融投资决定上哪所大学无关。

一个人如何处理这些问题，或这些问题是否被处理，解释了为什么估算大学教育的回报如此千差万别。比如，布鲁金斯学会的汉密尔顿项目（the Brookings Institution’s Hamilton Project）计算出大学教育每年的回报率是15%,大大高于所有普通的金融投资。[11]然而,这些回报建立在最理想的假定基础之上:一是,假定每个上大学的人都会毕业,而且都在四年之后毕业。二是,假定两类人之间没有任何区别:一类人读完高中之后没有继续念大学,另一类人读完高中以后继续上大学并顺利毕业。三是,假定一个刚毕业的大学生在每个年龄阶段的工资收入都和现在是一样的——也就是说,今天的毕业生到30岁时,他的工资收入是现在30岁这个年龄阶段人群的工资收入;再过20年后,当他到了50岁时,他的工资收入是现在50岁这个年龄阶段人群的工资收入。提示一下,现在的大学生工资收入在当代算是最高的。

假设有人给你提供机会投资股票并向你许诺每年15%的收益,当然这种收益是基于一种对目前股票市场将保持最好状态的假设。听起来挺诱人的,你会买吗? 当然,提供这样机会的人一定会遭到逮捕,因为国家安全法不允许一个人如此精确地预判股市,我们也没有理由相信这种预判是真的,就像先前的回报并不一定能保证今后的回报一样。但在高等教育领域,类似于这种投资股票的预测司空见惯。

关于大学教育投资的回报还有其他一些不算成功的估算,其中最知名、最复杂的估算之一是由PayScale公司负责的,该公司的主营业务是收集工资数据。它先从收集的1 700万份个人信息开始估算特定大学的特定学位的投资回报。该公司做了一些更现实的关键假设,比如一名学生要花不止四年的时间从一所指定大学毕业的可能性。但是它做了一个相同的假设:尽管用的是大学与大学之间的工资收入对比测量的方法,未来的工资收入和现在的工资收入很相似。

PayScale 公司报告了 1 310 所不同大学之间学士学位的投资回报率,其结果的差异之大令人震惊。杨百翰大学(Bringham Young)和佐治亚理工学院(Grorgia Tech)以每年 12.5%的回报率高居榜首,但也有许多学校出现了负回报率。大约有 100 所大学的投资回报率赶不上通货膨胀率。总体上,该项研究中的大学教育投资回报率大约是布鲁金斯学会报告中的一半。[12]

《商业周刊》(*Businessweek*)和 PayScaley 公司一起做了一次单独的估算,包含了一些额外的关键性调整,比如解释这一现实的原因:假如不上大学只上高中的话,这些大学毕业生可能挣得更多。其中原因正如上文所分析,是因为这些人在上大学之前就拥有更多的能力和相关资源。《商业周刊》调查过的 835 所院校中,有 191 所学校的教育投资回报是负值。这个数量令人吃惊,差不多占被调查院校总数的 1/4。学生要想提高投资这些学校的回报率,最好的办法是退学。很难知道这种糟糕的情况在多大程度上是由于这些学生的个人品质,正如很难知道那些毕业于名校的毕业生取得的成功在多大程度上应该归功于他们的学校。

你可以从这些研究中挑出很多毛病:这些研究没有包含那些继续攻读研究生的学生,而这些人可能是毕业生中最有能力的;同时,也忽视了上大学的贷款及其利息,现在这些已经是上大学成本中很大的一部分了。

对教育投资回报的任何估算都有一个大问题，那就是需要指出今后大学生的工资收入将出自何处。我们知道早几十年前大学生的工资收入已经千差万别；也有人说目前这种收入的高峰水平还将维持几十年，当然也有人说不会。比如，一部分热衷“技术即命运”的人认为现代计算能力正在快速消灭那些不需要很多思考的工作，与此同时也为那些受过良好教育的人创造出许多新机会。另外一些热衷“技术即命运”的人认为手工技术，比如不需要很多传统课堂教育的贸易技能，可能是仅存的计算机不能从事的工作，因此也可能是唯一还有需求的工作。依这个观点看，上大学是一种浪费。

因此，是什么让一个学生决定到底该不该上大学呢？第一个重大结论是，大学对一个学生的平均付出是无关紧要的，因为不同学校、不同专业之间的差距如此巨大。这就像利用地球的平均气温（55 华氏度，约 12.78 摄氏度）来决定今天是否要穿大衣一样毫无意义。这是一个校与校之间的故事，或许是每所学校专业与专业之间的故事。有许多学校对你将来的收入毫无用处，然而那不可能是你决定去哪里上大学的唯一因素。

第二个结论是提醒我们不能确定未来的情况会怎么样，猜测得越远，这些猜测就越没有用。我们当中那些在生育高峰期出生的人也许还记得，关于职场成功的标准建议是去一家大公司谋一份职，因为以前的惯例是大公司会关照员工。结果会怎么样呢？

从所有这些不确定因素中获得的错误结论只有一个,那就是放弃:既然不知道未来将会发生什么,凭空想象就毫无意义了。我们可以比这做得更好。

我们真正了解的一件事情是,目前的证据足以击溃所有的预测,特别是涉及劳动力市场这样复杂的预测。一些关于大学成果最有用的信息来自大学评估组织(CollegeMeasure.org),该组织提供不同州之间各所大学不同专业的毕业生第一年的收入信息。很明显,这种信息对于预测未来大学生的收入是很有限的,但至少不是一种猜测。我们从中学到的不仅仅是"视情况而定",而是了解到成功的因素有哪些(见数据3.2)。

数据3.2　大学教育的回报:一些毕业生比另一些毕业生挣得多

a　各州之间拥有副学士学位和学士学位的毕业生工作第一年的收入对比

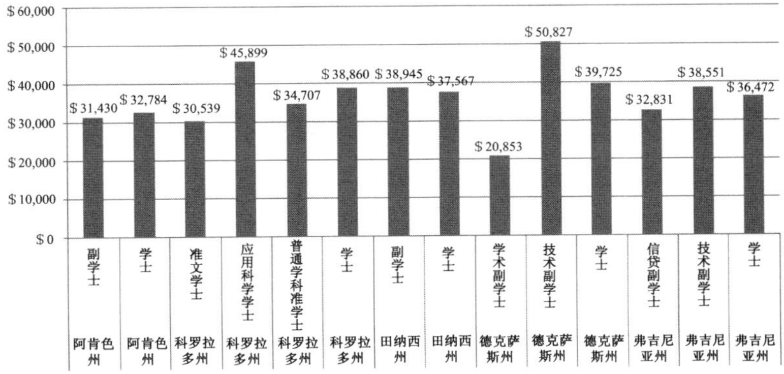

b 各州副学士学位毕业生工作第一年的收入对比

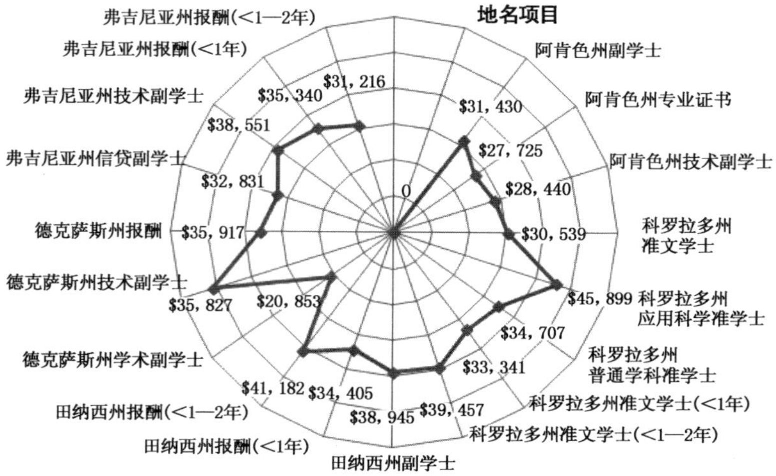

数据来源:"College Education Pays: But a Lot More for Some Students than Others," September 3, 2013, CollegeMeasures.org/category/reports.aspx

我们知道专业胜过学位。两年社区大学的学位比普通四年大学的学位回报要多,因为前者在技术领域有很大的需求,有时甚至需求量巨大。比如,在德克萨斯州,有核能技术专业副学位的近期毕业生每年年薪不足十万美元,而那些防火和消防专业的年薪接近九万美元。其他两年制专业尽管也属于技术领域,回报率却很低。该州动物科学的两年制毕业生年薪不足一万美元,这意味着就平均来说该专业的毕业生即使工作了也找不到全职。但这并不能说明动物科学专业不如防火专业那么具有挑战性,因此收入的差距不足以筛选出更出色的学生。

然而，在相同的领域，两年制学位和四年制学位之间的差距却很明显。比如，在德克萨斯州，拥有信息技术专业学士学位的大学毕业生年收入大约六万美元，是两年制副学士学位毕业生年平均工资的两倍。另一个常见的说法是，并非所有的技术学位都有回报，这对于 STEM（自然科学、技术、工程学、数学专业的英文缩写）学位而言尤其如此。还是在德克萨斯州，两年制的社会学学位的回报大大高于两年制的化学、生物学或者数学学位。考虑到有关 STEM 领域种种人才需求的言论，这一点令人吃惊不已。到了学士学位这个水平层次，情况发生了变化，数学专业的回报率开始提高了，但社会学学位仍然比生物学学位的回报率要高。

上更好的大学：有回报吗？

对于许多高中生及其家长而言，目标不仅仅是上大学，而且是要上最好的大学。在某种程度上可以这样认为，一旦学生被名校录取，他的前途就有保障了。这些学生将会变得富有而出名，成为社会名流的一部分。雇主将争先恐后地聘请他们，成功之门将永远为他们敞开，生活将无限美好。

很容易想象这些前景。如此众多最杰出的公众人物都毕业于名校，所以就不难理解获得这些知名院校学位的人会更出色。自罗纳德 · 里根（Ronald Reagan）离任之后，哈佛大学，尤其是耶鲁大学培养了一代又一代美国总统和每一位现任最高法院法官。我与莫尼卡 · 哈莫里及罗西欧 · 博尼特职业公司进行的研究显示:1980 年,美国最大公司的高级行政人员中有 14%的人毕业于八所常春藤联盟院校。虽然到后来这一数字有所下降,但到 2001 年仍有 10%。名校的毕业生都流向薪酬更好的行业,比如对冲基金业。[14]

名校长期以来名声在外,以至于多年来名校都让校友享受到优待。卡罗琳·霍斯比(Caroline Hoxby)调查了 1960 至 1982 年期间大学毕业生中男生的年终收入情况,结果发现那些毕业于最知名院校的男校友挣的钱大约是那些毕业于一般院校学生的两倍。[15]

大学评估组织的研究者调查了五个州的名校毕业生收入情况,风险之一是他们有可能就职于同一个州。他们发现最知名院校毕业生的收入和最不出名院校毕业生之间的收入差距相当大,而一般院校毕业生之间的收入差距则不明显。[16]

为什么相同专业领域的毕业生,某些院校的要比其他院校的挣得多?这个问题让我们回想起第一章中有关教育的筛选功能的内容。教育的价值是在于我们所学的知识今后在职场中有用,还是因为学校挑选了那些在职场上具有优秀品质的学生呢?正如在电影《颠倒乾坤》中,如果没有文化只有小聪明和假学历,你能指望成功吗?幸运的是对于名校而言,毕业生似乎把大部分的成功都归因于学校的教育,但是研究者对此不置可否。

大学之间有许多非常重要的区别,我们在第二章已经详细地讨论过。然而,教师私底下都说院校之间某一特定专业的基础课程几乎是相同的,大多数科目的中级课程也是如此。专业越标准,越有可能是这样。最高级的课程差别却很大,这些课程主要以在一所大学读本科与读研究生的区别为基础,但这种差别主要是针对那些还将继续读研究生的学生而言的。对于读完大学获取学士学位的学生来说,各校之间的课程内容相差不大。如果我们认为只有课堂学习经历决定最终结果的话,看到收入差距如此之大一定会很吃惊。

我们能把这两种理解分开来讲吗？经济学家斯坦斯·戴尔(Stacey Dale)和艾伦·克鲁杰(Alan Krueger)用一个出奇的想法来考察那些被非常知名的院校录取但后来上了不怎么出名的学校的学生,这些学生和那些被知名院校录取并就读的学生带给学校的几乎完全一样。因此,如果我们比较这两组学生毕业以后的境况,就能更好地了解学校在影响学生的成功方面究竟起什么作用。戴尔和克鲁杰发现,那些被名校录取但没有去的学生和那些上了名校的学生所挣的钱大体相同。换句话说,那些名校毕业生之所以有更好的前程似乎是由于他们在入校之时就已经出类拔萃了。经济学家用其他数据重复了这项研究,所得结论是一样的。[17]

这些结果对于名校而言就像当头一棒,至少在事关上大学的经济回报方面是这样的。但经济学家们确实也发现了支持这些名校回报率的有力证据。其一是低收入与少数民族的学生在其他条件相同的情况下,名校毕业生和普通学校毕业生在职场上挣的钱不一样,前者确实要多于后者。或许这些名校可以提供一些让这些学生出众的优势。其二是收入与上一所更贵的学校之间有一定的联系。收费更高的学校显然在用这些钱去做一些让学生受益的事情。

当然,总有研究与众不同。有人研究了两组学生之间的收入对比:一组学生毕业于德克萨斯州一所未透露校名但非常有名的州立大学,另一组学生被该大学拒收但上了该州的其他学校。该项研究的优势在于德克萨斯大学的入学标准非常简单明了,所以有可能比较那些通过该大学的奥斯汀分校(我猜我已经透露了这所名校的名字)入学门槛的学生和那些被该学院拒之门外但上了其他院校的学生。这两组学生除了所上的大学不同,其他方面几乎完全相同。研究发现,毕业于奥斯汀学院的学生比那些上了其他院校的学生多挣大约20%。20%是一个不小的差距,但还不足以说明名校和普通学校的大学毕业生之间平均收入的差距。[18]

事实证明,上名校至少在某种程度上还是物有所值的。以色列的一项研究也证实了这一点。研究者对毕业于最知名的大学与毕业于一所新办的、不怎么出名的大学毕业生的长期收入进行了比较。起初这所新办大学最好的毕业生挣的钱甚至都比那些名校毕业生少。但是随着时间的推移,这所新办大学越来越出名,毕业生也声名鹊起,收入自然也就水涨船高了。如今,这两所大学具有相同能力的毕业生挣的钱一样多。雇主要花上一段时间去了解那所新办大学的毕业生,最终才弄清楚其实他们一样优秀。随后,该校所有毕业生的工资都提高了。这说明雇主在利用这所新办学校的品牌做代理人,借以表明对该校毕业生的能力要求,更好地传达一种信息:大学毕业生自己能改变市场对他们的定价。[19]

依靠学校的品牌或名声作为对该校毕业生质量的代言会遇到一个根本的问题，那就是毕业生的水平很少是均衡的：名校会有拖后腿的毕业生，而名不见经传的学校也会有优异的毕业生。如果依据学校的品牌去雇用毕业生，有些人很可能“物非所值”，而你也许会错过那些真正“物美价廉”的学生。与其依赖学校的名声，为何不自己去测试这些毕业生呢？你可以忽视学校的品牌以及品牌所带来的丰厚的工资收入。英国的一些例子证明这样做完全有用：凡是亲自去测试的雇主给毕业生所付工资减少了，这显然是因为他们能在校园里发现那些更便宜的求职者。[20]

你可能会认为每一位雇主都会去做这种测试和招聘，但实际上他们不会。他们中的许多人仅凭学校的名声去招人，而不去调查其他学校的毕业生。他们基于各式各样的理由决定去哪里招工，但这些理由往往让人觉得匪夷所思。

一家名叫 Tata 的印度公司非常看重学校的名声。该公司把这种分析方法演绎成一种艺术形式：以毕业院校来评估所有新聘的员工，考量他们的工作表现，评估他们会在公司待多久，同时估算公司应该付多少报酬。因此，公司瞄准了那些提供最“物有所值”毕业生的院校。一些美国知名的商贸院校却没有达标，尽管这些院校的毕业生也非常优秀，但这些毕业生不会在公司待很久，而且公司聘请他们要花很多钱。

考察某所院校毕业生平均工资的一个问题是平均并不代表典型。一个比尔·盖茨能让一所学校所有校友的平均工资飞涨。

一个来自北卡罗来纳大学(the University of North Carolina)的有可能是杜撰的故事:有一段时期该校毕业生收入最高的专业是社会学,其原因很大程度上是就读该专业的一位毕业生——篮球超级巨星迈克尔·乔丹。

德克萨斯州的另一项研究是调查名校毕业生的平均收入是否适用于该校所有学生的收入。研究者在德克萨斯州又调查了名校和普通院校工资最多的毕业生之间的差距。奥斯汀分校(州立大学中最负盛名的学校)工资最多的毕业生比普通院校同类毕业生要强很多,多出30%以上。该项研究最令人惊奇的发现是,当比较相同能力的学生时,社区大学(最籍籍无名的学校)的毕业生挣的不会比普通四年制大学的毕业生少多少。相反,社区大学挣钱最多的毕业生实际上比普通四年制大学挣钱最多的毕业生挣得还要多。[21] 由此可见,当我们考虑未来收入的时候,大学的名声或许不是最要紧的事情。

几家机构现在都生产出能让你比较各所大学的成本和产出的计算器:

· 计算不同的大学的价值所在

·《高等教育纪事报》之大学真实情况(Collegerealitycheck.com),包括有限的工资数据

· 大学评估组织(CollegeMeasure.org)

· PayScale.com——工资水平与上大学投资的回报

· 白宫官网的院校负担能力与透明度中心的高校积分卡,网址 http://www.whitehouse.gov/issues/educationg/higher-education/collegescore-card

为什么所有这些研究都选在德克萨斯州呢？因为它是一个大州，而且生源充足。同时，为了检验大学教育的影响，这些研究的背后还有一些我们必须战胜的神秘挑战。在美国，许多人居无定所，尤其是在上大学和大学毕业的时候，所以能够跨州跟踪调查这些大学毕业生就显得十分重要。问题是根据《家庭教育权益法》（*the Family Education Rights*）和《隐私法案》（*Privacy Act*），联邦政府禁止跟踪调查那些跨州的学生，以及分析他们受教育的相关资料。

因此，只能调查本州学生的学习成绩和他们在职场上的表现之间的关系，而且只能调查那些大学毕业后仍然留在本州的学生情况。有些州试图彼此分享资料，但美国太大了，除非大多州同意，否则很难获得优质的信息。

名校真正的优势体现申请读研究生院的时候。不像企业家，研究生院真的非常在意一所本科院校的学术名声，因为他们想知道学生是否已经准备好做更多的学术工作。名研究生院往往从名本科院校中挑选入学申请者。因此，如果你毕业于一所著名的本科院校，后又考取研究生特别是名校的研究生，那么实现当律师、医生、工商管理硕士（MBA）或教授的理想就容易得多。

谁是真正的赢家？

当我们想知道哪些大学有最好的净回报率时，上述所有因素都应考虑在内。PayScale 排行榜显示排名最靠前的学校都是那些以工程类和技术类为主的大学(见表3.1)。工程学是经济领域中回报率最高的专业,那为什么是这些学校居前呢?不是因为这些学校的技术类毕业生挣钱比其他学校的毕业生要多,而是因为这些学校没有社工或英语之类与低收入行业相关的专业,它们会拉低平均回报率。

科罗拉多矿业学院(the Colorado School of Mines)毕业生的工资现在居高不下,因为开采业很火。但这两所学院(另一所学校是纽约州立大学海事学院[the New York Maritime College])投资回报率如此之高的原因在于他们都是办学成本很低的州立大学。海事学院对州外学生的收费也是很低的。纽约大学理工学院(工程学院,NYU's Polytechnic Institute)榜上有名,是因为该校获得财务补贴的学生比例很高。每名学生获得的很大数额的财务补贴提高了麻省理工学院的回报率。尽管并未与表中的其他工程类院学校一样优秀,史蒂文斯理工学院(Stevens Institute of Technology)凭借众多学生获得财务补贴而榜上有名。荣登榜首的加利福尼亚理工学院(Cal Tech)和哈维·穆德学院(Harvey Mudd College)是两所办学规模非常小的优秀学校。这两所学校的校友在上大学前就非常能干,毕业后广泛活跃在工程行业,都能挣大钱。这两所学校的高毕业率也起了很大作用。

表 3.1

等级	校名	类型	类别	2012 年学费
1	哈维·穆德学院	私立非营利	私立学校，人文学科，工程学	$221 700
2	加利福尼亚理工学院	私立非营利	私立学校，研究型大学，工程学	$213 000
3	纽约大学理工学院	私立非营利	私立学校，研究型大学，工程学	$214 300
4	麻省理工学院	私立非营利	私立学校，研究型大学，工程学	$215 700
5	纽约州立大学海事学院	公立(州内)	州立大学，工程学	$90 530
6	科罗拉多矿业学院	公立(州内)	州立大学，工程学，研究型大学	$107 100
7	纽约州立大学海事学院	公立(州外)	州立大学，工程学	$124 800
8	科罗拉多矿业学院	公立(州外)	州立大学，工程学，研究型大学	$170 900
9	史蒂文斯理工学院	私立非营利	私立学校，研究型大学，工程学	$237 300

等级	校名	30 年净利润	年利润率	补贴百分比	平均补贴额	30 年补贴净利润	年补贴利润率
1	哈维·穆德学院	$2 113 000	8.3%	69%	$25 117	$2 217 000	10.6%

续表

等级	校名	30年净利润	年利润率	补贴百分比	平均补贴额	30年补贴净利润	年补贴利润率
2	加利福尼亚理工学院	$1 991 000	8.2%	58%	$27 007	$2 103 000	11.0%
3	纽约大学理工学院	$1 622 000	7.6%	97%	$23 534	$1 728 000	10.1%
4	麻省理工学院	$1 606 000	7.5%	65%	$32 550	$1 739 000	11.0%
5	纽约州立大学海事学院	$1 586 000	10.4%	43%	$5 567	$1 611 000	11.6%
6	科罗拉多矿业学院	$1 574 000	9.7%	66%	$7 282	$1 607 000	11.1%
7	纽约州立大学海事学院	$1 552 000	9.2%	43%	$5 567	$1 552 000	9.2%
8	科罗拉多矿业学院	$1 510 000	8.0%	66%	$7 282	$1 510 000	8.0%
9	史蒂文斯理工学院	$1 461 000	6.9%	95%	$25 125	$1 574 000	9.2%

数据来源:College Salary Report, http://www.payscale.com/college-salary-report/bachelors

关于名校经济回报率需要注意的一点是个人对地理位置的偏好,即学生毕业后想在哪里上班。许多雇主或多或少都会从当地大学雇请毕业生,他们认为在当地更容易举办面试和其他招聘活动。假如经营公司的行政人员大多都是当地大学的毕业生,那么学校和公司的联系会更加紧密。另外,当地大学生的实习工作更容易安排,因为学生和工作岗位在同一个地方。如果想去旧金山工作,你最好去上旧金山大学(the University of San Francisco),而不是去更远的地方上一所更有名的大学,比如密歇根大学(the

University of Michigan)，因为这样能更好地接触到当地的雇主。

另一方面，如果想去一家拥有全国或国际背景的大公司谋职或找一份联邦政府机构的工作，比如就职于州政府，你最好上一所拥有全国知名度的大学，比如密歇根大学。

那些在全国没有知名度，也没有很多当地雇主资源的大学，尤其是地处偏远山区的大学，学生毕业之后不得不四处找工作。那些拥有很高知名度同时又有许多优质雇主资源的大学，比如斯坦福大学、芝加哥大学、哥伦比亚大学等，这些大学的毕业生在找工作时则要幸运得多。

第 4 章

上大学需要多少费用?

美国有那么多所大学,而且每所大学都渴望你能把孩子送到他们学校去读书,所以对于大多数美国家庭而言,最大的挑战不是上不上大学的问题,而是上大学的费用问题。美国花在教育上的总投资和平均资本比其他任何国家都要多,这是因为美国花在办大学方面的费用实在是太多了。

对于学生而言,比国家花了很多钱办大学更重要的是国家希望学生及其家长为上大学的费用买单。在美国,学生及其家长花在上大学方面的费用要比西欧国家及日本的同龄人的平均费用高出整整六倍。[1](稍后将讨论去国外上大学的问题)

不管是那些不在乎上大学的经济回报的人,还是那些期待通过上大学取得丰厚回报的人,都得为上大学买单。这就是为什么实际上对于每一个考虑上大学的人而言,费用都是一笔巨大的开销。

同时,上大学的成本是大学教育是否有回报这个命题方程中最容易理解的部分。在其他条件相等的情况下,为了获取某样东西你付出的成本越少,你从中获得的净利润就可能越大。了解其他条件是否相等则比较困难。

私立名校的学费抢夺公众的眼球，但每年只有 8%左右的大学生选择上学杂费超过四万美元的学校。最著名的私立学校的学费至少比这要高出 25%，而且收费还有一个议价的空间。离开家乡上大学的学生在住宿费方面差别不大，但学费的收费标准确实因校而异，因此造成了上大学的成本差异。正如数据 4.1 所示，近年来上大学的费用已经成为学生决定上哪所大学的一个日益重要的因素。

数据 4.1　选择目前学校排名的重要原因（百分比意味着“非常重要”）

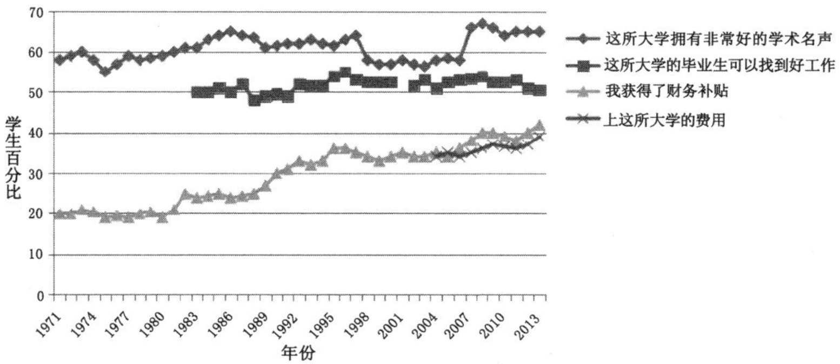

数据来源：Higher Education Research Institute at UCLA，“The American Freshman：National Norms，Fall 2013”（Research Brief，March 2014），http://www.heri.ucla.edu/briefs/TheAmericanFreshman2013-Brief.pdf

加州大学洛杉矶分校进行针对大一新生的年度调查显示，学生仍然把学术声望作为挑选学校的首要标准，但是上学费用和财务补贴日显重要,几乎要超越学生对学校能否帮助他们找到一份好工作的考量。或许受到父母的影响,那些申请上大学的学生真的想弄明白上大学的回报在哪里。

财务补贴使我们对上大学费用的理解变得复杂,但同时能够为美国社会进步创造机会并提供了最主要的保障。财务补贴对于申请的大多数大学生而言似乎有点神秘,部分原因是财务补贴的很多要求是人为设置的,目的是防止有人企图钻空子。

很难弄懂财务补贴,因为每一位申请者的具体情况是不一样的,所以即使知道某一个家庭申请到多少财务补贴,也并不能确定自己可以申请到多少。如今,财务补贴变得更加神秘,因为它不再仅仅是帮助那些家庭贫困的学生读完大学,也就是说,如今的财务补贴不再仅仅以学生的家庭经济状况为依据。"优秀奖学金"就是这样一种保证优等生之间展开学业竞争的有利资源。糟糕的是,财务补贴同样使得决定某所大学的学费收费标准变得更具挑战性,这可不像买辆汽车那么简单。

财务补贴非常复杂,因为它牵涉到许多的公式和数据,但这并不意味着你要成为这方面资深专家以避免犯错。想要尽可能多地申请财务补贴,简单合理地了解基本规则要花上很长时间。然而,在获得财务补贴之前,有必要去了解大学公布出来的的学杂费及各校收费之间巨大的差异。

明码标价带来的震惊

当你第一次看到贴在每辆新车窗户上的零售价时，买车的经历往往始于这些标价带来的震惊。当然，很少有人会以标价成交，但对于大多数第一次想买车的人来说，初次看到这些价格，心里还是免不了要打冷战。

至于上大学的费用，家长打冷战是因为看到孩子每年大学学费的大概数目。这一点尤其残忍，因为大多数人对高等教育市场不像对车市那样熟悉。他们还记得 20 年前或许更早以前自己上大学时的经历和学费，但并不知道从那时起学费涨了多少。

虽然一直以来通货膨胀使得所有价格都提高了，但这不是高等教育费用上涨的主要原因。正如数据 4.2 所示，在过去 30 年期间，不考虑通货膨胀因素，大学的学杂费涨幅巨大，实际上已经超过了其他所有价格的增幅。相较于州立大学学费 330% 的涨幅，私立大学的学费涨幅为 250%。实际上，私立大学成了控制学费上升的榜样。把这些费用放入某个角度看，可以发现反映相同时期工资收入变化的那条线几乎是一条百分之百笔直的水平线，说明过去 30 年工资收入几乎没有上涨。

数据 4.2 1983—1984、2013—2014 年通货膨胀调整后公布的学杂费

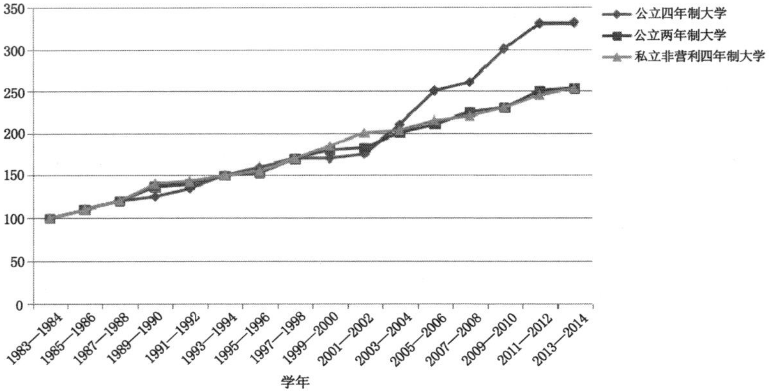

图中的学杂费是以 1983—1984 学年公布价格的百分比为基数即 100,受通货膨胀影响调整后按学校类别划分的。比如说,价格 331 代表 2013—2014 学年四年制公立大学的学杂费是 1983—1984 学年同类学校学杂费的 3.31 倍。这一数据是经过居民消费价格指数(CPI)增长调整后得出的。

数据来源:The College Board,*Annual Survey of Colleges* (Prince ton, NJ: 2014)

为什么在学费之外还要单独收取杂费呢?部分原因是内部核算把标准学术内容相关的费用(学费)与大学经历的其他费用区分开了,比如课外活动的收费(杂费)。那些其他部分的大学经历现在是越来越丰富了。部分原因是单独收学费会比学杂费总额少很多,就如同买车的时候单独买踏脚垫一样。

为什么州立大学的学费涨幅如此巨大?美国中部地区高校学费涨幅最小,尽管有人指出这些涨幅代表着通货膨胀的数量,因此中部地区四年制公立高校过去十年 26%的学费涨幅也不小了。南部和西部地区公立大学的学费涨幅确实惊人，过去十年分别达到 65%和 86%。（参见表 4.1）

表 4.1　2003—2004、2013—2014 年十年间各地区的美元变化和通货膨胀调整后的学杂费百分比变化

地区	公立两年制大学		公立四年制大学		私立非营利四年制大学	
	10 年美元变化	10 年百分比变化	10 年美元变化	10 年百分比变化	10 年美元变化	10 年百分比变化
中部各州	521	13%	1 955	26%	5 967	23%
中西部	790	27%	2 685	39%	6 279	28%
新英格兰	934	25%	3 322	42%	7 271	24%
南部各州	1 063	46%	3 144	65%	5 847	28%
西南部	622	36%	2 940	59%	9 022	48%
西部各州	968	70%	4 048	86%	3 240	14%

数据来源：College Board, *Trends in College Pricing* (Princeton, NJ: 2014)

学费涨幅如此巨大的原因和政治有关，尤其与纳税人及其代理人支持大学教育的意愿有关。加利福尼亚州正在推动西部各州平均水平的提升，尽管其他州在某种程度上也有相似的经历。20 世纪 60 年代，加州的州立大学及其体制是出了名的好，学费也很便宜。到了 80 年代，尽管注册人数暴涨，但因受到纳税人反抗，税收及支持高等教育的财政收入开始减少。后来，这种财政挤压政策还在继续。当州立大学无法从州政府那里获取额外财政支持的时候,就像加州和南部诸州那样,高等教育的预算实际上是在逐年削减,这样各所大学就不得不提高学费了。由于这些州立大学的学费起点较低,所以涨幅惊人。

过山车似的财政支持政策,紧随而来的是自经济大衰退以来财政预算的锐减,与之形成鲜明对比的是入学注册人数的适度稳步增长。每个全日制学生应享有的财政拨款与入学注册人数之间的差距是目前困扰美国公立高等教育的一个大问题。

同样,在上述这个问题上各州之间的差异巨大。附录里包含了各州大学学费和州财政援助的相关资料。阿拉斯加州为州立大学付出的费用最多,每位注册生人均超过 17 000 美元。新罕布什尔州付的费用最少,人均不到 2 400 美元。这也说明了为什么新罕布什尔州在所有州立大学中收取的学费最高,而阿拉斯加州却位居倒数第二。但州财政支援并不能完全解释所有州立大学之间的学费差异。学费最便宜的是西部怀俄明州的一所高校,大约每年 4 000 美金;而宾夕法尼亚州最贵的一所大学的学费大约是每年 18 000 美元。

那为什么不去上那些学费最便宜的州立大学呢?各州政府很久以前就发现了这一点。对于选民而言,州立大学便宜的学费是一笔丰厚的补贴,所以各州政府不乐意那些不是本州选民的居民享受这份福利。为什么那些不在本州纳税的居民可以享受靠纳税人支持的高等教育呢?因此各州向那些想上州内大学的非本州居民收取高达两万美元的额外费用。位于安娜堡市的密歇根大学对非本州学生收费最高，达四万美元，而其他旗舰大学如伯克利分校及加州大学洛杉矶分校也不甘落后 。

州外学生的学费一贯都是州内学生学费的两到三倍，往往接近私立大学的学费。州立大学的财务补贴比私立大学的条件限制要多，而公立大学州外学生的财务补贴又比州内学生的财务补贴条件限制要多。因此，对于任何想去其他州读州立大学的学生而言，学费是一个巨大的障碍。

如果你是一名来自明尼苏达州的学生，想报考位于圣地亚哥的加州大学，那么你该如何处理学费问题呢？许多公司会帮你解决这些难题。像 In-state Angels 公司（公司网址：http//www.instateangles.com/learn/faq/）专门为州外的学生处理一些往往很复杂的程序，让他们成为自己心仪的州立大学所在州的居民，这样就可以帮助学生和家长省去一大笔钱，当然代价是牺牲那个州的纳税人利益。

各所大学之间的学费在其他方面还有一些差异，比如住宿费用。私立大学的住宿费又要多一些，但不会多很多，一般是为了付高档宿舍的费用。各校上学费用之间存在巨大差异，其主要原因是学费收费方面存在差异。想要了解美国任何一所大学明码标价的费用，请登陆 http://nces.ed.gov/collegenavigator/。

学生和家长对各校之间学杂费的差异很感兴趣，但真正的关注点还是各校的明码标价。就像买车一样，学生上学实际付的费用通常和学校的明码标价差别很大。上文已经提到财务补贴正是其中的原因，即根据不同学生的偿还能力来削减费用，以及近来实行的根据学校想录取学生的程序来削减费用。

申请财务补贴

关于上大学的费用,一个令人不解的巨大困惑是学生为了相同的大学经历却要付不同数额的钱,而且付钱的方式也不一样。就像买飞机票一样,你可能会发现你的邻座由于申请了财务补贴只付一半的钱就入学了。你可以认为这主要是有钱的山姆大叔让那些贫困子弟更容易上大学,也可以看成是由政府和各所学校共同制定的政策,用来抵消长期以来其他一些使上大学越来越贵的消极影响。

每年有许多贫困家庭的子女上大学,其中有19%的家庭穷得要靠政府的食物补贴或类似的资助勉强度日。财务补贴能使他们克服家庭的经济困难。80%的在校大学生会申请财务补贴,实际上每个申请者都可以得到一些。事实上,许多没有提出申请的学生如果申请了,也都可以得到一些经济援助的。

我们可以把财务补贴看成降低不同学生上大学费用的一种方法,有时降低的幅度还很大。财务补贴的初衷是让那些除此外别无他法的学生也能上得起大学。偏激者或许会把财务补贴看成一种价格歧视,因为它是根据学生的支付能力,针对不同的学生收取不同的费用。这一点很像航空公司向那些不得不在最后时刻乘飞机旅行的乘客多收一些钱,对那些可以提前计划好的乘客则不然。然而,这种类比对大部分学生而言并不十分准确,因为是政府而并非学校在提供这笔财务补贴,这远非像在飞机上调换一个乘客那么简单。更恰当的类比可能是医疗卫生,这是政府为病人的治疗费用买单,而病人无须自己付钱。

在这个问题上是否会愤世嫉俗同样也取决于如何看待上大学的“真实”费用。如果认为富家子弟花的钱超过了他们上大学的真实费用,你也属于价格歧视阵营。如果认为富家子弟花的钱就是他们真实的上学费用而贫困学生应该少花一些,那么你很可能认为财务补贴或许是由当今社会精英领导的、帮助低收入家庭的孩子朝前走的最重要安排。

很明显,多数大学的学费并没有涵盖上大学的所有费用,有证据表明公立大学的政府资助以及私立大学的社会捐款承担了大部分上学费用。那些没有获得财务补贴的学生所付的费用是否承担了每一位学生的上学费用,这是一个不同的问题,很难回答。有人认为在一些收费很高的私立学校,这样的学生多付了钱,从而为更穷的学生创造了机会,让一些援助以财务补贴的方式提供给他们。但事实上,以营利为追求的大学一直没有插手传统的本科教育市场,这告诉我们大学并非挣钱机器。

在美国,一直以来许多大学还有其他方式的援助项目,比如专门的体育奖学金。几十年来,基于个人需要的经济援助帮穷孩子上大学只是城里人的游戏。政府对学生的援助还要追溯到《退伍军人权利法案》,该法案为二战结束后的退役军人支付了大部分上大学的费用。我们现在认为传统意义上的财务补贴始于 20 世纪 50 年代的美国私立大学,这些大学利用一切有用资源来支持那些没有财务补贴就上不起大学的贫困学生。

在此之前,如果一个学生没钱上大学,那么他唯一的选择就是在校园或附近打工,或者利用暑假打工。假如一名学生能找到一份兼职,他就有可能上大学,因为当时的学费相对来说还是便宜的。比如,在 20 世纪 20 年代,沃尔顿商学院的全年学杂费是 270 美元。20 年后的 40 年代,该校的学杂费只涨到每年 420 美元,50 年代涨到 625 美元。[2] 1950 年,最低工资标准是每小时 0.75 美元,这就意味着即使是做一份收入最低的工作,也能用大约 20 周专职上班的收入来支付上学费用(当然,这是假设学生住在家里不用支付其他任何的费用,比如纳税)。当然这并不容易,但还是有可能的。如今,以最低的收入标准来计算的话,学生要花上 164 周专职上班的收入才能付得起名校现在的学杂费。其中的部分原因是,抛开通货膨胀因素,现在每小时的最低工资标准比 20 世纪 50 年代要低很多,但大部分原因还是和大学较高的学费有关。

我们今天知道的助学贷款始于 1954 年,当时美国东北部的 95 所大学联合起来组建了高校奖学金服务中心(College Scholarship Service)。该中心以学生家庭收入为基础,制定了衡量学生及其家庭支付大学教育费用的能力标准。到了 1956 年,大部分给学生提供财务补贴的私立学校都在使用这一标准。直到今天,许多家长也认可这种模式。申请人支付一笔费用给高校奖学金服务中心,这一笔钱决定了学生及其家庭能够支付大学费用的能力,服务中心随后建议每所学校允许学生注册入学时申请必要财务补贴的数额。原则是财务补贴应该以实际需要（家庭收入）为基础，而且财务补贴标准在各所大学之间应该是一致的。

公共政策进入学生的财务补贴领域始于 1958 年的《国防教育法案》（*National Defense Education Act*），该法案由政府支持开创了商业贷款机制，目的是帮助低收入家庭的学生上大学。从那时起，为了击败苏联在科技方面的优势，美国高校除了有一套由联邦政府发放的助学机制，又引入了一套新的商业贷款竞争机制。[3]

这个时期公共政策的意图与效果，就是提升高等教育的普及率。各州拼命扩大高等教育的办学规模，尤其在纽约和加州，大学一直保持低水平的学费标准。私立大学通过提高入学人数，目的也是想在各高校学生中间保持一致，让需要相同的学生能从他们的州政府特别是从联邦政府那里申请到相同数额的财务补贴。

各所大学自己的财务补贴也在做相同的事情。他们认为让更多的低收入家庭学生能够上大学是一个非常必要的办学目标，而实现这一目标最好的办法是确保可观的财务补贴能够发放到那些最有需要的学生手中。联邦政府拨款的标准在所有高校间是一致的，目标是帮助学生上公立大学。私立大学和收费较贵的公立大学用商业贷款来弥补他们学校的费用和政府拨款之间的差距。

“资金需求无关政策”（need-blind admission policy）在这个时期开始流行，意味着学校往往不考虑每个学生申请财务补贴可能的结果，就作出财务补贴的决定。重点大学为了竞争学生源可能会无意间使用财务补贴策略，在此过程中减少了本可以帮助更多学生的资源。常春藤联盟院校和麻省理工学院，还有其他最富有的院校一起组成了 Overlap Group 院校联盟，该联盟保证每位被不止一所联盟成员学校录取的学生都能得到每所联盟成员学校发放的金额相同的财务补贴。美国司法部认定上述院校之间的联盟违犯了反托拉斯法，认为大学从本质上来说，比大多数财务补贴管理者的想象，更像是由市场管理的行业。1993 年，一纸赞同该观点的法令废除了该院校联盟。[4]

20 世纪 60 年代到 90 年代早期，实际上是不可能只因为优秀就得到财务补贴的。回顾 1990 年的财务补贴，可以发现当时确实存在的优秀奖学金实际是荣誉性质的，有益于学生发展自我，但金额并无太多。[5]

如今，情况发生了变化，但是财务补贴的大头还是以个人需要为基础，而且大部分还是来自州政府。这种财务补贴有三种形式：

· 助学金（Grants）：助学金是不用偿还的（奖学金也是一种助学金，但它是用来奖励优秀学生的）。最大的助学金项目是政府的佩尔助学金（Pell Grants）。每个申请资金需求型财务补贴的学生都能获得一笔佩尔助学金，2012—2013 学年平均每笔佩尔助学金是 3 650 美元。各个州政府也有自己的助学金项目，2012 年各州平均每笔助学金是 670 美元。现在，佐治亚州把所有的州助学金集中起来奖励给优秀学生。佛罗里达州、南卡罗来纳州等其他几个州也把助学金改成了奖学金。别的大学是否会朝这个方向发展,还有待进一步观察。

· 工读计划(Work-study):该项目向学校提供帮助来雇用合适的学生兼职打工。大部分的补贴来自联邦政府,一些州政府也为此提供资金。大约 6%的大学生拥有勤工俭学岗位,其中约1/3的学生说他们的兼职在某些方面与所学的课程相关(这些学生不仅仅是在自助餐厅打工)。兼职的学生平均每年可以挣到2 850美元。

· 助学贷款(Loans):学生毕业后要还清贷款。大部分的学生贷款在某种程度上是由联邦政府来支持的,但也有州政府的贷款,还有大学本身的非资助类贷款。助学贷款已经越来越重要,稍后会详细论述。

近年来,与学费上涨同步的是财务补贴也出现大幅增长,从2002—2003 学年至 2012—2013 学年增加了两倍。增幅最大的是商业贷款,但对学生没什么吸引力,因为他们拖着迟迟不还清。非资助类贷款是最昂贵、最没吸引力的一种贷款,同期上涨了156%。虽然过去几十年在校的大学生总数增长了,但每个学生获得的财务补贴金额也在不断增长,从 2002—2003 年的 11 000 美元上涨到 2012—2013 年的 15 000 美元。这一数字虽然比不上同期的学费涨幅,但也相当可观。联邦政府提供了一个非常方便的网站,用于查询各种不同方式的财务补贴的详细内容,比如什么人有资格申请哪类补贴,每类补贴如何申请运作等。欲知详情,请访问 http://studentaid.ed.gov/。

学历造假会怎么样?

谎称拥有大学学历当然会便宜得多。已经有第三个招聘经理说在招工的时候看到了关于学历和资历的虚假信息,其中不乏一些身居高位的行政官员,比如 Veritas 软件公司的 CEO 根本就没有斯坦福大学的工商管理硕士学位,博士伦公司的 CEO 没有纽约大学的工商管理硕士学位,雅虎的 CEO 没有计算机专业学历,而 Radio Shack 公司的 CEO 根本就没有学历。由于个人隐私条例的限制,想要了解一个人是否拥有某所大学的学历比你想象的要困难:必须经由受怀疑者的准许,学校才能说。但是现在的软件公司让向雇主证明你真的有某个学历变得容易多了,由此带来的压力让伪造学历更加困难。(学历造假典型的例子是 Vivian Giang & Jhaneel Lockhart,"Busted: This Is What Happened to 10 Executives Who Lied About Their Resumes," *Business Insider*, May 7, 2012。关于追踪软件及人事部经理的信息都来自 Melissa Korn,"Soon, You'll Have to Tell the Truth on Your Resume," *Wall Street Journal*, September 20, 2014。)

高等教育的批评者说,财务补贴,尤其是一直以来财务补贴的增加,实际上成为大学提高收费的一种方法。毕竟,如果学生和家长不买单的话,拿什么来限制这种收费的上涨呢?当然,这种争论只适用于由政府提供的资助(那些提供超出学校预算补贴的大学希望通过较高收费来赢回补贴,其实是浪费时间),而且争论的假设前提是大学像企业一样以挣钱为目的。如果真是这样的话,那些名校可以双倍收取学费并且不愁生源。很多有钱的家庭愿意交钱把孩子送进最好的大学。许多这样的家庭已经付了比大学学费还昂贵的学费去读私立的预科小学和中学,这些学校已经让付钱的学生一只脚踏进名校的大门。学校也不用费神发放资金需求型补贴,只用招进富家子弟,然后捂紧钱袋。

如果没有财务补贴,确实只有更少的学生上得起大学,许多大学也被迫面临两种选择:要么倒闭关门,要么找到非常便宜的方法办学,比如说只提供大学经历与体验之类的教育。当然,削减上大学的学费和相关费用已经是共识了,因为这一点直接关系到广大的学生和家长。这就是奖学金很受欢迎与公立大学有吸引力的原因。如果取消财务补贴,最大的结果将是把那些贫困学生拒之门外。

对于过去一代人来说,关于财务补贴最主要的变化是奖学金的兴起,这种奖学金是以学生的优异成绩而非他们的经济需求为基础的。最高金额的奖学金是佐治亚州的希望奖学金(the Georgia Hope Scholarships)。该奖学金根据佐治亚州高中毕业生的学业成绩而非家庭经济状况向学生提供,不再向贫困学生提供经济援助。支持该项奖学金计划的人士称他们这样做是为了鼓励学生在高中阶段就努力学习并取得优异成绩,毫无疑问,学生确实是按照这个要求去做的。然而,这个奖学金计划有一个让人意想不到的结果是那些需要经济援助的学生得到的援助更少了。那些高中阶段在班上不能拔尖的学生,如果家里有钱就只好上其他一些大学;但如果家里没钱的话,这样的学生就上不起大学了。

虽然一些州奖学金的来源倾向于公共机构,大部分的奖学金现在都是由各所大学自身筹备的。这样做的目的实际上是为了吸引更好的学生来就读,否则这些学生就不来了。这样,学校就是在价格歧视,尽管这类奖学金的总额很小。无疑,当今各所大学正在利用奖学金降低学费来竞争更好的生源,要不然这些优等生就不会报读了。为什么学校热衷于这样做呢? 部分原因是像《美国新闻与世界报道》等开展的大学声望排名活动越来越多。该活动把各所大学依次排名,其中很重要的一个部分是即将就读该校学生的一些属性:高中的班级排名、SAT 成绩等等,当然也包括选择报考该校的录取学生比率。奖学金既能提高学校排名,又能提高学生录取的比率。

谁能获取奖学金呢? 如果从大方向去定义,部分奖学金用于奖励运动员。如表 4.2 所示,这个部分在奖学金总额中所占比重并不很大,但那些获得体育奖学金的学生能获得非常高额的经济援助。许多家长都希望自己的孩子能申请到体育奖学金上大学,但这类奖学金的实际名额非常少。该名额是由全国大学体育协会(NCAA)来控制的,该协会根据各所大学的规模以及学校参与的运动级别来调配。比如,第一级别的院校是指那些拥有在校本科生人数两万以上、规模最大、校队经常在电视上露脸的学校。这些学校有 85 个足球奖学金名额,因为足球队的运动员很多。但他们只有四至五个网球奖学金名额,像赛艇之类的项目根本就没有名额。第二级别的院校规模更小,奖学金名额也随之锐减,比如只有 36 个足球奖学金名额。女生获得奖学金的总名额和男生是相等的,由于足球项目大部分是男生参与,女生很少有足球奖学金名额,所以在其他体育项目上她们有更多名额。比如第一级别院校的女生有 20 个赛艇奖学金名额。相较于其他形式的经济补贴,这些体育奖学金只不过是沧海一粟。

表 4.2　非联邦政府提供的财务补贴

类型	获得贷款百分比(%)	贷款金额(美元)
体育奖学金	0.85	10 000
优秀生奖学金	8.00	7 100
学校的资金需求型补贴	13.00	4 555
私人财务补贴(非校方)	8.00	3 400
州政府奖学金	4.00	2 770
雇主提供的财务补贴	5.50	4 200

数据来源:Post-Baccalaureate and Beyond Survey 2009 NCES(2009 年国家教育统计中心学士学位阶段以后的调查),http://nces. ed. gov/surveys/b&b/

著名的常春藤院校联盟实际上是一个体育联盟,该联盟的原则是有效限制体育在大学校园中的角色,其中的一项原则就是常春藤联盟院校不设体育奖学金。

父母要牢记这一点:千万别赌你的孩子一定能得体育奖学金。与庞大的学生数量相比,体育奖学金微乎其微,几乎可以忽略不计。一所第一级别的大学有四万名学生,但指标只有区区几百个。当然,即使不给奖学金,大学也可能偏爱招收运动员学生。[7]但如果你想让读高中的孩子通过体育奖学金来支付上大学的费用,其难度不亚于大学生运动员想进美国男子职业篮球联赛

(NBA)或美式橄榄球联盟(NFL)。

如果学生真的凭借体育奖学金上了大学,也没有必要再让他们进NBA或NFL了。从事竞争激烈的大学体育运动要消耗大量的精力和时间,与此同时还要保持个人的学业成绩,这是一项几乎不可能的挑战。如果学生不参加运动了,他的奖学金也会终止,而他们是否停止运动取决于教练的意愿。这就是为什么国家劳动关系委员会(the National Labor Relations Board)规定,西北大学(假定其他学校也一样)的橄榄球运动员都是有固定工作的员工,享受员工应有的法律保护。[8] 詹姆士·舒尔曼(James Shulrman)和前普林斯顿大学校长威廉·鲍恩(William Bowen)主持了一次关于大学生运动员的运动经历对学习成绩影响的大型研究,结果显示大学生的体育运动和学术课程经常发生冲突,学生运动员在学习和其他校园活动上常常顾此失彼。他们的学习成绩很糟糕,也不怎么去参加其他的课外活动(没时间允许他们这样做),所以他们的大学经历不像非运动员学生的校园经历那样精彩。[9]追求体育奖学金让他们的时间和精力变得越来越紧张。某些体育类大学现在要求学生运动员在高中二年级就承诺要报考该校。

家长或许希望自己与众不同的孩子能获得其他类型的奖学金而非体育奖学金,但这类奖学金在整个经济援助框架中所占的份额更小,特别是在绝大多数学生所上的公立大学里。私立大学的这类奖学金要更多一些,因为这些学校乐于通过奖学金来吸引更好的生源。大学海纳百川,汇集了很多拥有特长的学生,这一点是事实。比如，每所大学的管弦乐队都需要双簧管演奏者，特别对于规模较小的学校而言，必须想方设法招收到那些有特长的学生。（要做到这一点，最有效的方法是直接和教练、乐队指挥或学校负责该项目的职员面谈，让其对于你的特长给予特殊考虑。）对于一所大学而言，很少会提供在上文提到的有限的体育奖学金之外的课外活动奖学金。

绝大部分奖学金是学校用来吸引那些他们认为没有这些奖学金就不会选择上该校的学生。这些学生往往学习成绩比较好，这一点对学校的声望和排名至关重要。对于学生和家长而言，难题是通过获得奖学金来降低学费，上一所不怎么有名的学校，还是花更多的钱上一所更知名的学校。有时很凑巧，你想上的那所学校正好会给你提供奖学金。正如上一章所见，相同课程在学校的就业市场上的差别不大，但校与校之间在给学生提供个性化需要以及大学经历方面千差万别。

如果一所大学的奖学金能让家庭免于债台高筑的话，一所能录取自己、名声稍低的大学当然值得认真考虑。就投资回报而言，此举很可能会提高大学教育投资的回报。当然，如果学生上了一所自己不愿上的学校，在学校里毫无乐趣、痛苦煎熬的话，势必会影响顺利完成大学学业。

我们还知道财务补贴对学生有哪些影响呢？或许可以预估获取财务补贴的学生在学业上可能会逊色一些。道理很简单，因为他们来自教育资源较少的家庭，所以成绩不如那些来自富裕家庭的学生。我同辛杰 · 王（Shinjie Won）的共同研究发现，获得财务补贴的学生实际上比那些没有获得的学生学业成绩要更优秀,但这种积极影响仅限于那些获得助学金的学生,那些勤工俭学或申请贷款的学生没有表现出明显的优势或劣势。[10]

长期以来,大家一直在争论这个话题:校园里的勤工俭学对大学生而言是否有帮助,特别是能否有利于他们毕业后找工作。一方面,勤工俭学有助于学生获得工作经验,我们早前提到过这一点正是雇主所期盼的。另一方面,勤工俭学会占用学生的时间和精力,使他们无暇顾及学习和其他校园活动(而这大概是上大学的真正理由)。正如前文所见,差不多 2/3 的学生在大学里都兼职打工。兼职打工对学生是否有帮助取决于他们所从事的兼职工作的类型。同那些从事与专业学习无关的工作相比,与学习有关的兼职在某种程度上确实有助于学生毕业后尽早找到一份更好的工作。[11]勤工俭学或许是找与学习内容相关的工作的最好选择,但要记住只有 1/3 的学生说他们的勤工俭学和今后的就业有关。对于其他学生而言,兼职或许是必要,但也会分散他们的学习精力。

助学贷款

如今,学生申请助学贷款用以支付上大学的费用,其最大的问题是由贷款产生的债务。调查显示,助学贷款现在已经是学生用来支付大学费用最常见的方式。[12]

经济学家对用贷款来付学费的想法很感兴趣,因为那些获得经济利益的人，也就是找到好工作的大学毕业生是还贷款的人，他们在不久的将来大概会找到高薪的工作。如果大学毕业后找不到好工作，一切都免谈。

用贷款来支付上大学的费用究竟有什么好处呢？正如我们在上一章谈到，各校之间大学教育投资的回报率差别很大，平均回报率大约是每年 7%。需要郑重声明的是该回报率的校际差别很大。从平均水平上看，这种回报率已经不错了，类似于长期以来美国股票市场的投资回报。当然要除去利息，许多学生的贷款要收取的利息率几乎和回报率一样多。自 2006 年以来，那种可以直接从学校申请到的、非资助学生的普通贷款的平均利息率低于 7%。那些贷款及其利息不一定是免税的，而且从提取贷款的那天就开始计息了。在这种局面下考虑大学教育的投资回报确实没有什么吸引人之处。从 2015 年 6 月开始，直接资助的贷款最好的利率是 4.66%。这比原来好一些，但相较于大学教育的投资回报而言，这还不算是稳操胜券的事情。[13]

用贷款支付上大学费用的一个更常见的问题是其中包含的风险。学生大学毕业后找到一份稳定而高薪的工作来还清贷款，那是最好不过。然而在不确定的环境下，贷款成为一种非常冒险的选择。因为即使你没能找到工作，偿还不了贷款，贷款的利息也在持续增加。学生很少会甘于承担这种风险。我们需要进一步了解美国的教育贷款，以便评估其中的风险。

正如我们预计的那样，用助学贷款来支付上大学的费用会改变学生一直以来所做的决定。变化之一是学生很可能去就读那些毕业后能让他们找到高薪工作的专业，而不愿去从事诸如教育之类的、服务于公众利益但薪水不高的职业。[14]

大部分助学贷款是由联邦政府发放的。自 2008 年以来，助学贷款在财务补贴中所占的比重下降了，因为助学金增加了（本科生从联邦政府享受的资助类资金贷款的百分比从 2007—2008 年的 12% 下降到 2012—2013 年的 5%）。但正如数据 4.3 显示，与贷款有关的债务总额在持续增长。

数据 4.3　不同年龄组的学生贷款余额（单位：亿美元）

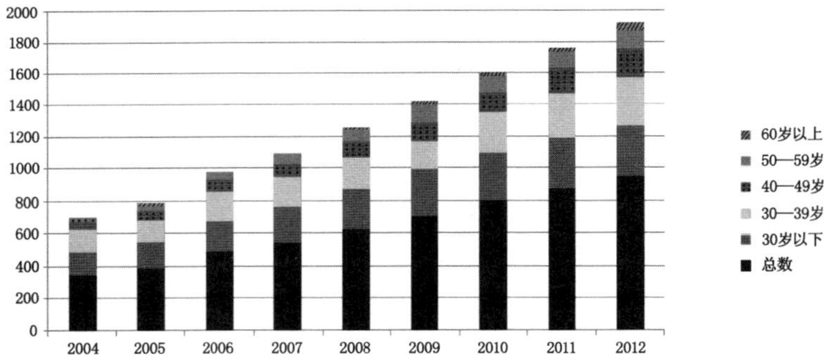

数据来源：Andrew Haughwout, Donghoon Lee, Joelle Silcally, and Wilbert van der Klaauw, *Measuring Student Debt and Its Performance* (Staff Report 668, Federal Reserve Bank of New York, April 2014), http://www.newyorkfed.org/reserch/staff_reports/sr668.pdf

毫不奇怪，私立学校的学生债务更高，因为上私立大学花的钱更多。至于学生贷款金额方面，2012 年公立大学学生平均贷款 25 000 美元，而非营利的私立大学学生平均贷款 29 000 美元。

债务的增加不是因为贷款多，而是因为无力偿还债务，利息的累积加导致债务的增加。

数据4.3显示，即使在经济大衰退之前那些未偿还的债务就已经增加了，2004至2008年毕业的大学生的债务增加了两倍。自2009年经济衰退以来，美国民众其他类型的债务开始下降，而学生贷款债务仍然一直在增加，已经超过信用卡账单债务，成为美国仅次于金融抵押贷款的最大债务来源。

美国政府现在拥有一系列令人头晕目眩的贷款计划，同时还有一套更复杂的还贷方案，其中有一些是针对毕业生的收入量身定制的。助学贷款与众不同，很难能免除还贷。你有可能通过把房子转让给银行而逃脱抵押贷款，或者宣布破产而逃脱信用贷款或其他形式的贷款。然而，你不可能利用这些方式来逃脱偿还学生贷款，宣布个人破产不能免除偿还学生贷款的责任。虽然政府有一些可以免除还贷的安排，但要求相当严格（比如说，如果债务人去世了，就有可能申请免除还贷）。[15]即使大学毕不了业，或毕业后从未在所学的专业领域找到过一份工作，你也必须还贷。而且，如果你还不了贷款的话，利息会一直累加。

近年来，大约有10%的学生未履行偿还贷款义务，其中更多人（17%左右）已经超过了90天的逾期时间。数据4.4展示了就读最贵专业的毕业生还贷拖欠的情况。如数据4.4所示，实际上四年制私立大学的拖欠还贷率最低。[16]

数据 4.4　贷款违约类型的大学

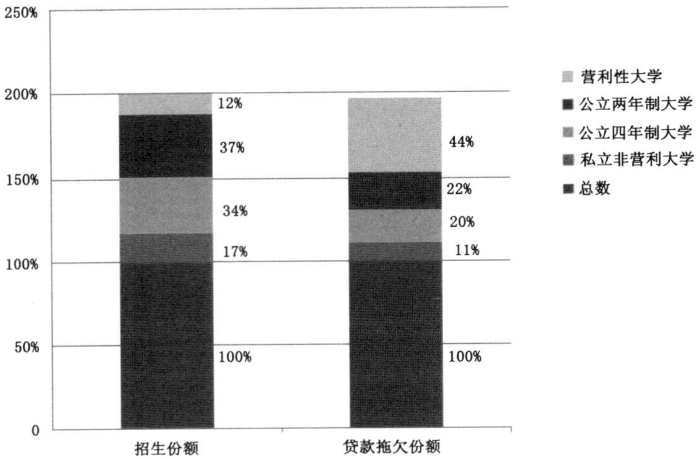

数据来源:U.S. Department of Education, IPEDS 12-month enrollment for 2012-2013 for schools in the fifty states plus Washington, DC., and FY 2011 three-year CDRs

还贷拖欠率最高的是那些新办的营利性大学。这些学校的课程设置几乎完全职业化,唯一的办学目标就是为学生找工作,但实际上他们在这方面做得并不好。还贷拖欠率第二高的是那些社区大学。在以就业为导向的课程设置方面,这些学校仅次于营利性大学。《纽约时报》会详尽地告诉你不同大学学生平均的贷款金额。详情请登录 http://www.nytimes.com/interactive/2014/your-money/student-loan-repayment-calculator.html。比如,在鲍登学院(Bowdoin College),学生平均债务是 22 755 美元,按照国家最好的利息率,未来的十年你必须拥有 31 760 美元的年收入才有可能还清这笔债务。联邦政府将向你展示任何一所大学的还贷拖欠率，请关注 https://www.nslds.ed.gov/nsls_SA/defaultmanagement/search_cohort_3yr2011CY.cfm。

整体上，学生在毕业后想找到可以还贷的工作，结果却不是很理想。有证据表明，高数额的学生贷款债务使得下一代人无力买房，反过来又阻碍了经济增长。[17]

德贝·温斯顿（Deb Weinstein），一名近期的毕业生，在《福布斯》杂志上发表了一篇文章，详细阐述了她对助学贷款问题的一些重要思考。她在文章中写道，因为认为在经济衰退时期待在校园里是明智之举，所以她于 2008 年辞掉工作返回大学校园。她借了五万美元去读一年制的新闻学位，但她毕业时找不到工作，而且每个月要还贷 1 800 美元。她在文章中详细描述了在她找到工作之前，尝试了各种可能的方法去避免贷款利息的不断累加。延长在大学的滞留期只对还政府贷款有利，而其他方式的贷款利息仍在继续增加。在某种情况下，如果军队确实需要你的技能，军队会帮你还清贷款。

最令人感兴趣的可能就是政府出台的基于收入的还贷计划，该计划允许在未来 30 年间按个人收入的百分比来还贷。假如在未来几十年你可能会破产的话，这个计划其实也冒着很大的风险。[18]（该还贷计划十分复杂，详情请登录 https://studentloans.gov/myDirectLoan/mobile/repaymentEstimator.action，查询使用该计划估算该还多少贷款）

关于助学贷款还有一点要认真思考的是和贷款有关的责任

感的问题。大多数父母一想到自己 18 岁的孩子要通过抵押房子去申请贷款就觉得很难堪,但很少会想到让学生申请助学贷款,尽管大笔贷款确实意味着更多的责任。大家都知道,沉重的贷款在毕业时就会影响学生的职业选择:想做出庭辩护的法律专业毕业生却去了华尔街金融公司,想教书的数学专业毕业生却去了投资银行挣钱还贷。无法偿还助学贷款债务将毁掉一个人的信用等级,这又会妨碍他们的其他生活目标,比如说成家立业。从定义上来说,申请了助学贷款的学生没有其他可以依靠的金融资源,包括他的家人,也没有资格作为第一梯队去申请其他贷款。

一个关于助学贷款很严肃的提醒是所有的贷款不尽相同,而贷款之间的差别有时可能非常关键。

· 直接贴息贷款(Direct Subsidized Loans)。这是由联邦政府提供的。这类贷款的数额仅限于经济需要,只要你还在学校,政府会替你缴纳贷款利息。本科生申请该项贷款的最高额度是 23 000 美元,这就意味着全日制本科生不能仅凭该项贷款去付上大学的全部费用。

· 直接无贴息贷款(Direct Unsubsidized Loans)。这也是由联邦政府提供的,但不局限于那些需要经济援助的学生。即使你还是个学生也要付这类贷款的利息,而且利率大约要高出 2%。这项贷款的金额也有限制:如果你申请到了 23 000 美元全额贴息贷款,那么在无贴息贷款方面只能再申请 8 000 美元。[19]

· 私人贷款(Private Loans)。这既可来自大学本身也可由任何借贷人提供，而不是由政府提供的。该项贷款的利率会波动，而且利息会一直增长。不像直接贷款，私人贷款不可减税，而且有一系列麻烦的要求，在某些情况下，甚至有点不可理喻：学位对于找工作至关重要，如果你没能找到工作又怎么可以还清贷款呢？但事实确实如此，提供这类贷款的学校可能会在你还清所有贷款之前，拒绝授予学位。

对于许多人而言，贷款是他们上得起大学的唯一方式，这也让大学教育变得更为昂贵，同时充满潜在的风险。对于那些有更多选择的人来说，有必要仔细考虑一下是否真的值得通过贷款读完学位课程。如果该课程要求你申请无贴息贷款，你应该再三斟酌。如果该课程要求你申请私人贷款，你应该首先和懂经济的人士好好谈一谈。可以把这些贷款想象成汽车贷款，只不过对于大多数人而言大学教育贷款金额要大得多；又不像汽车贷款，你不能通过返还或宣布破产来逃避还贷的责任。因为由政府提供贷款的最高额度是31 000美元，如果你听到有的学生借了50 000美元甚至100 000美元去读大学，这些学生大部分是借了私人贷款。

给父母一个提醒：私人贷款经常要求有一个联署人，而那就是你们。金融界有一个笑话：生命中有两个奇迹——出生和复利。该笑话在这里很适用，因为复利的奇迹会让这些贷款的成本节节攀高，甚至连一些由政府提供的贷款利率也超过了7%，这就意味着十年后利息费用会让整个贷款的数额加倍。

那些发现自己无力偿还贷款而面临拖欠不还困境的毕业生，大部分问题都出现在私人贷款方面。联邦政府的消费者金融保护局多次不无遗憾地说这些私人贷款者是如何避免去帮助那些无力还贷的人。保护局还会建议你如何与这些放高利贷的人打交道,并且提议如果还贷有困难如何获得帮助。[20]

在一系列财务补贴方案中具体采用哪一种,各所学校的做法千差万别。营利性大学比非营利性大学使用学生贷款金额上要多出两倍,这也是为什么这类学校的教育回报率如此之低的另一个原因。各大名校助学贷款的金额也不尽相同。正如数据 4.5 所示,纽约大学学生申请助学贷款的金额要比普林斯顿大学学生高出十倍,其中的原因是后者有更多的财力来提供其他形式的帮助。

数据 4.5　2006 至 2009 年名校学生的借贷金额

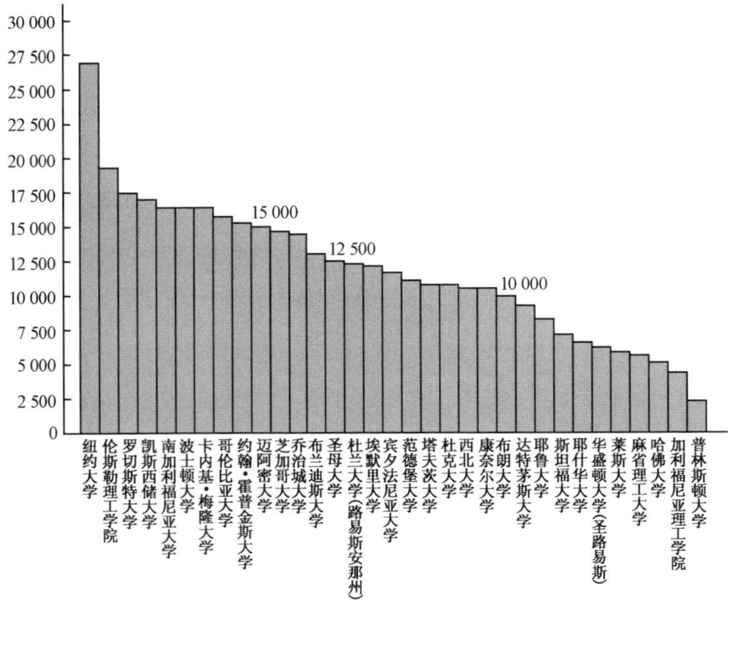

为什么纽约大学学生借贷如此之高？因为该校缺少大量的社会捐赠，而且学生大都来自贫困家庭。

为什么普林斯顿大学学生借贷如此之低？该校学费位居名校之首，但有着雄厚的社会捐赠和富庶的生源，并且该校的收费政策不包括较贫困学生的助学贷款。

数据来源：美国教育部2006—2007、2007—2008、2008—2009学年高校本科生借贷数据分析，以及基于2006—2007、2007—2008、2008—2009学年美国高等教育数据综合系统调查中相关证书颁发的数据。参见Andrew Gillen, *In Debt and in the Dark: It's Time for Better Information on Student Loan Default*, n. d., Washington, DC., https//www.nslds.ed.gov/nslds_SA/defaultmanagement/search_cohort_3yr2001CY.cfm（2014年10月访问）

鉴于所有关于助学贷款的信息，真的有必要认真考虑大学教育投资回报的问题。如果上大学意味着你毕业时会欠下数万美元的高利贷，当你还在念书时就开始计利息，而且毕业后除死亡外（有时并无影响）利息还将继续增加，即使是恶劣的生活条件也无法让你免除还贷责任，你还认为值得上大学吗？你想要的是一份毕业后也十分安全的高回报。

表4.3显示的不是各所大学的学费标价，而是学生和家长在申请到财务补贴之后实际付给学校的费用，这才是大多数人真正想知道的。“净学费”那一栏才是关键，你可以把它看成《消费者报道》（*Consumer Reports*）中民众买车的实际费用。学校类型分别是公立大学、私立非营利大学和私立营利大学，横排数据分别代表各类学校的平均费用、平均财务补贴以及由不同收入群体所

交的净学费。数字不包括助学贷款,因此,这里净学费是学生及其家长现在必须支付的费用。

表 4.3 美国 2011—2012 学年全日制在校生、第一学历或资格证书获得者在各高校的平均费用、平均助学金份额以及净学费(美元)

公立大学			私立非营利大学			私立营利大学		
平均费用	平均助学金份额	净学费	平均费用	平均助学金份额	净学费	平均费用	平均助学金份额	净学费
18 258	6 524	11 734	35 201	14 566	20 636	26 986	5 098	21 888
18 304	5 770	12 534	35 190	14 682	20 598	26 880	4 517	22 363
18 304	8 991	9 313	35 190	18 737	16 453	26 880	5 253	21 627
18 304	7 612	10 692	35 190	18 363	16 827	26 880	4 654	22 226
18 304	4 525	13 779	35 190	15 889	19 300	26 880	2 746	24 134
18 304	2 227	16 027	35 190	13 838	21 352	26 880	1 167	25 713
18 304	1 690	16 614	35 190	11 156	24 034	26 880	1 216	25 663

所有学生家庭平均年收入分为以下几个等级:0—30 000 美元,30 001—48 000 美元,48 001—75 000 美元,75 001—110 000 美元,110 001 美元及以上。

数据来源:NCES

令人吃惊的是,根据美国大学理事会相关数据显示,不考虑通胀因素,2013—2014 学年各高校除去财务补贴后的平均净学杂费实际上比十年前要低,尽管学生家长的支付能力在经济大衰退之后也在下降。[21]

所有财务补贴在家庭收入百分比中起到什么作用呢?凯瑟琳·希尔(Catharine Hill)和戈登·温斯顿(Gordon Winston)经统计发现,在财务补贴上最大方的院校之一——威廉姆斯学院(Williams College)的前五个最贫困的家庭大约把家庭年收入的6%花在送孩子上大学,而前五个最富裕家庭的大约是 20%。[22]从这个例子我们可以看到为什么说助学贷款是社会上为数不多助穷人一臂之力的项目之一。就像在威廉姆斯学院,贫困家庭只要花家庭收入较小的部分就可以送他们的孩子上大学了。

表 4.2 反映了新办营利性大学的一些重要内幕。尽管明码标价的学费比私立大学要低,但由于这类学校可申请的助学贷款较少,所以他们的净费用实际上要高。这一点很好地提醒了学生和家长,学校的标价费用不是要考虑的最重要的数字。另一点提示是那些家庭并不贫困的学生也可从私立学校申请一些助学金,足以支付约 1/3 的上学费用。根据美国大学理事会的统计结果,对于 25%家庭经济收入处于末端的学生,他们基本上不必花费家庭收入去付公立四年制大学的学杂费。就回报率而言,这类学生接受大学教育是板上钉钉的事情。

还有一点提示是,由于财务补贴的存在,公立大学和私立大学之间的费用差别不像许多人想象的那么大。对于那些总可以获得某种财务补贴(资金需求型补贴或奖学金)的普通学生而言,两者之间的差距是每年 9 000 美元。

如表所示,许多读者无疑想知道为什么私立大学的平均标价学费(不包括财务补贴)每年只有 35 000 美元,特别是当他们得知许多私立大学仅学费就要 50 000 美元。这个例子很好地说明了在美国上大学的费用千差万别。许多私立大学学费收费标准很低,有些甚至低于普通标准,比如莱斯大学,有些只收取必要的费用,因为市场对这些学校毕业生的需求量很小。

私立大学之间的财务补贴也不尽相同,主要是取决于各校的富裕程度如何。顶级名校的标价费用自然可以超乎寻常,但像哈佛大学、宾夕法尼亚大学、普林斯顿大学以及耶鲁大学等著名院校都许诺提供足够的财务补贴,以便那些家庭年收入在十万美元以下的学生也可以上得起这些名校(十万美元是表 4.2 中家庭年收入的最高等级)。即使上名校对你今后的职业发展没有多大关系(这一点将在下一章节中谈到),但就财务补贴而言,上名校意义非凡。

教育部的高校领航员网站(College Navigator website)将根据学生家庭经济收入范围提供每所大学发放给学生财务补贴平均金额的数据。然而,你可能并不真正关心这些数据,因为有太多其他因素影响财务补贴的决定,比如你的家庭资产,你家有多少个孩子等等。私人网址 CollegeData.com 以一种更容易理解的方式发布了那些数据。

《纽约时报》专栏作家罗恩·利伯(Ron Lieber)报道说,现在许多申请私立大学财务补贴的普通家庭年收入都超过了十万美元。同时他提到学生有可能申请财务补贴,至少那些基于家庭经济需要申请的财务补贴有 50%的概率会获得成功。一些像康奈尔大学这样的学校将和接受财务补贴申请者的其他院校一起通过竞争发放资金需求型补贴来竞争生源。[23]然而,各高校之间不可能竞争发放优秀奖学金。他们已经算好了你来就读会给学校带来多少价值,如果你在别人那里价值更高的话,那么就请自便吧。这是一桩有着严格规定的生意。(如果你想查核到财务补贴以及想确定是否能申请到联邦政府资助的各项助学金,请登录 https://www.nsld.ed.gov/nslds_SA/。看到政府资助项目的首字母缩略词你会很开心。该软件要求你在可以使用之前就已经申请过财务补贴,其优点是根据你在读大学期间申请财务补贴时获得的正确密码,该软件就已经知道了你的大部分情况,这样更容易判断你是否需要申请财务补贴。

不申请助学金会增加录取的机会吗?

许多家长猜想如果他们的孩子不申请财务补贴则更有机会被大学录取。这些家长往往认为大学真的像企业一样运作,竭尽所能地挣钱,包括录取学生时也会考虑这样做是否会让学校省去财务补贴。他们的想法对吗?

在一定程度上是这样的。一直以来学校都否认申请财务补贴会影响学生的录取,但是许多院校在最终录取学生与作出财务补贴的决策时仍然有分歧,后者当然只有在学生被录取之后才有可能发生。

然而,最近一次对各校招生办主任的调查结果却与此不同。41%的私立大学招生办主任说他们很在意那些全额缴费的学生的录取率。也就是说,这些学校希望全额缴费的学生录取率上升,而且会依此来奖励招生办的工作人员。在州立大学和公立大学,全额缴费的学生录取率要低得多(大约是25%),但你可以断定的是,如果所有大学关心自己的财政预算的话,都必须多招那些全额缴费的学生。[24] 一次关于俄勒冈大学(University of Oregon)的研究发现,学校当局谨慎地使用财务补贴的合理数量来影响那些被学校录取的学生,促使他们最终会来学校报到就读。[25]

从以上例子你会得到什么建议呢?如果你有机会获得财务补贴而不申请,仅仅希望你能被一所更出色的大学录取,这种想法简直疯了。真正的名校往往是那些财务补贴不会影响录取决定的学校,而且正如前文所示,上一所更出名的学校或许对上大学的长期回报没有多大影响。但如果你能确定你没有任何资格获得财务补贴的话,最好还是在申请入学时明确这一点。

然而,思考推动学校鼓励机制是明智之举。作为录取方,学校最大的兴趣是要让更多的学生报考,这样学校就可以筛选许多报考生,而且要让那些有机会录取的学生前来就读,同时也提高自己在同类学校排名竞争力。如果你能够让他们相信你一定会来这所大学就读,学校就有可能会录取你。这就是为什么学生作出录取报到的承诺越早,被录取的概率就会越大。

第 5 章

大学毕业后如何找到第一份工作？

尽管只有在了解了财务补贴情况之后才有可能知道上大学的真实费用，而各校财务补贴情况又不尽相同，投资—回报方程式中投资方要比回报方更容易计算。你很难预测回报，因为它取决于毕业时你能找到什么样的工作，还要取决于这些工作是否有好的回报。

大学毕业后走向社会参加工作，这种转变就像是一条乱糟糟的供应链，雇主就是那个把所有关系都联系在一起的供应链终端。学生和家长费尽心思想要知道若干年后学成毕业时，雇主想要雇用什么样的人。在这一点上校方至少和他们是一致的，也在尽力了解雇主会雇用什么样的人。现在的雇主都希望毕业生在上岗之前就掌握了工作技能，这一状况极大地改变了各方的预期。因此，所有的焦点都指向了雇主。

雇主究竟想雇用什么样的人？许多观察员特别是爱好研究公共政策者似乎认为雇主都拥有魔力，尤其是生意场上非凡的能力。他们认为雇主设计好了最佳方案，能精确地计算出学生所学技能的回报率，并最终决定这些学生的技能值多少钱。实际上，雇主也是普通人，他们也有同平常人一样的偏见和局限，即使是为了自身利益，他们所做的事情也不见得件件都合理。

想搞清楚什么因素可以预测哪些求职者最终将胜任工作可不是一件容易的事情，因为这首先要求能够用标准、准确的方法去评价他们的工作表现。这对某些工作而言或许简单直接，比如销售顾问。但对于大多数工作而言，做到这一点要花大量的时间和精力。（你认为就你的岗位而言，对你工作表现的评价有多精确呢？）其次，你必须比较求职者在入职前后的工作表现，并进行统计分析。最后，相关部门要从分析中找出一些规律性的结论，并反馈给招聘经理们。每项工作的程序都必须分步单独完成。

IBM 或 Google 这种要招聘很多员工的大公司在招聘程序上十分复杂。部分原因是员工不再是终身职业了，招工对于雇主而言不再像几十年前那么至关重要了，那时的求职者在正式聘用之前要被考评几个星期。各家公司都大量裁减了人力资源部的人员和经费，以至于公司没有资源去做这些分析，而且人力资源部也不一定有影响力使得招聘经理用一种标准化的方式去行事。如今，一家公司招人的决定很有可能深受一位没有接受过人力资源培训的公司高层的影响（如果不是直接决策的话），这位高层手中或许也没有关于他的招聘用人方案是否行之有效的真实数据资料。公司越小，这种可能性就越大。现在很常见的一种做法是一家公司选定某所大学去招聘，因为公司的 CEO 要去这所大学招人。他们经常依靠一些已经被证实特别不利于招到好员工的糟糕的方法，比如说让公司经理一个接一个地对求职者进行面试，然后谈他们对面试者的印象如何。

许多人，尤其是那些企业新闻界的行家，似乎把招聘看成是一种我称之为家得宝公司的仓储模式:填补一个岗位空缺就像是给洗衣机换一个零件。先去商店买零件,一旦买到了就把它安装在洗衣机上,洗衣机就会运转如初了。如同对替换的零件要求非常精确一样,岗位要求也是非常精确的。求职者必须很好地适应这些要求,否则无法开展工作,生意也无法运行。因此,大学生要做的事就是弄清楚那些空缺岗位的要求,然后学好技能去填补这些空缺。

招聘和就业远非这般简单。我在《为什么优秀人才找不到工作》[1]一书中详细描述了如今的招聘程序是如何运行的。不像机器零件,现实和仓储模式之间最重要的差别是求职者和岗位要求之间是不可能存在完美结合的。换句话说,相同的工作任务可以用许多不同的方法去完成。位于伦敦的英国国家经济与社会研究所(The National Institute for Economic and Social Research)做了一系列饶有趣味的研究,调查不同公司如何在不同国家生产几乎相同的产品并完成生产任务。调查发现,美国公司喜欢用更多的工程师和非技术工人,而德国公司则用更多娴熟的工匠、更少的工程师和非技术工人去完成相同的生产任务。本书稍后会谈到为何这些公司会作出这样的决定乃至会造成这样的差别。[2]

况且,岗位要求也并非一成不变。当某一特定岗位的求职者稀缺而且要价昂贵时,雇主就会降低工作要求。雇主乐意聘用那些技能较低的求职者去填补岗位空缺,这样可以不用给他们涨工资。当用工需求下降而应聘者络绎不绝时,岗位要求同时也会提高,因为雇主希望求职者拥有更多的资格证书。[3]比如,在 20 世纪90年代电子信息行业出现用人高峰期时，真正在IT岗位工作的员工仅有约10%的人有IT学历，这无疑是因为很难招到拥有IT学历的人，而且这些人要价也非常高。当求职者多于工作岗位时，相反的情况随之发生。

上述的仓储模式还意味着一旦雇主找到了合适的求职者，他们就会雇用这些人并付出相应的报酬。供求关系通过价格达到平衡，因此每份工作都应该有一份明晰的市场工资。软件工程师的要价很高，但如果你愿意提高工资报价，你就能招到他们。[4]

然而，在现实中雇主是不会这样行事的。正如前文提到，求职者不尽相同，而同一份工作能由不同属性的个体用不同的方法去完成。因此，如果我们充分物色人选，就能发现有人愿意拿更低的工资做相同的事，或者有人以相同的工资却是更高的标准去完成工作。在多数情况下，雇主都会去挖掘这样的人才。他们会花时间和精力去了解求职者，直到手中充分掌握了求职者信息后才作出最后的用人决定。

毫不奇怪，当我们觉得物有所值或较容易达到预期目标时，我们会花更多的努力去挖掘人才。如果镇上只有一家商店出售我们所需要的东西，我们去那里买就好了。而如果有十几家商店竞争想卖给我们商品的话，我们就有可能货比三家。如果我们发现商品的价格和质量存在很大差异时，我们会花更多时间去淘宝，因为我们相信一定会找到物美价廉的好东西。

雇主可能要花上一阵子才能找到人去填补岗位空缺，准确地说不是因为没有人适合这些岗位，而是因为合格的求职者实在是太多了。因此,雇主很值得再等等,找到那位完全胜任而不是刚好合适的求职者,或者等着看谁将以低于市场标准的工资去干活。这种情况正如十几岁的年轻人,他们自认为有大把机会去参加舞会,因此迟迟不邀请舞伴而一心只考虑自己的选择。同样,过多的选择也会让雇主眼花缭乱,尤其是因为他们轻易看不到没人顶岗付出的代价。专家认为存在岗位空缺只能说明求职者自身一定存在某种问题,否则一定会有人填补空缺。情况也并非完全如此。

特别是当应聘者太多的时候,招聘经理认为有必要让求职者描述自己的工作经历和技能,因为这些是一位成功的求职者能够直接上手做好工作的保证。尤其是有许多求职者找工作的时候,为什么不这样做呢? 比方说,现在的律师事务所一般对法务秘书职位都要求有学士学位,尽管直到近年来这些岗位还是由高中毕业生占据。没有证据表明上述岗位需要大学文凭,但正如人们所争论的那样,如果你能通过提高这个岗位的工资待遇而招到大学生的话,只会有好处而并无坏处。降低成本意味着来应聘的人会更少,这样又会回到这些岗位要求是否有必要这个老问题上去,最终的结局只能是不可能达到这些要求。这就像硅谷招工广告词中的笑话那样:“必须拥有一门还不存在的编程语言五年工作经验。”

几年前还是由刚毕业的大学生承担的工作现在都要求有若干年的工作经验,这一点就把如今刚毕业的大学生拒之门外。这一代的大学生是在计算机环境下成长起来的,计算机跟踪系统很容易从求职简历中筛选出那些合格人选。公司使用预先设好岗位要求的招聘软件来筛选应聘者,因此刚毕业的大学生没有机会去说服公司的招聘人员,让他们相信自己胜任某个工作。一旦每条要求进入了招聘软件,无论要求本身是至关重要还是微不足道,都必将成为一名合格候选人所必须跨越的一道障碍。

由于有这么多管理程序上条条框框的限制,一些岗位要求愚蠢得令人震惊。我们听说一名沃顿商学院的学生遭到了某个岗位的拒绝,因为该岗位要求工商学历,而实际上沃顿商学院发的是应用经济学文凭。尽管沃顿商学院是世界上最古老的工商学院,并且开创了工商教育,但该学院的文凭显然抵不上一纸工商文凭。有一次,一位人力资源部经理告诉我说有 25 000 名求职者应聘一个标准工程学岗位,但是经过申请人跟踪软件检测竟然没有一个应聘者符合条件。这种事情确实让人非常沮丧。尽管十分罕见,但如果在应聘时遇到这种情况,求职专家建议你要想尽一切办法和招聘方进行面谈。

如果雇主发现了好的求职者,也不一定要急着去填补岗位空缺。仓储模式和招聘现实之间首要的、也就是最实际的差别在于不像要立即换零件维持机器运转那样,维持一家企业运行无须立即填补空缺的岗位。雇主一直操纵着这些空缺的岗位。有时候,事情就让有相关任务的人给办了;有时候,把工作放一放,拖一拖,或者交给临时工,或等其他外援。实际上,岗位空着可以替雇主省钱,至少在短期看来是这样的。

2008 年以来,大学毕业生找工作面临的问题由于人才供应过剩而进一步恶化，而且这一趋势在经济大衰退之后没有任何好转。雇主手上有太多的求职者，一般说来这些人都可以上岗。只有当经济好转时，许多问题才能得到解决，但紧张的劳动力市场也不可能解决新入职者面临的所有困难。

大多数招聘确实取代了现有岗位中的人员调整。美国每年的人员调整率变化很大，主要取决于当年的经济状况。目前一致的看法是如今的人员调整率比几十年前要高许多，特别是员工都往报酬更好的岗位流动。因此，招聘的岗位一定会更多。这对大学毕业生而言算是一则福音吗？

不幸的是，这并不是什么好消息。因为大多数招工的雇主都想招那些不需要培训的求职者，这样就可以从其他某个机构招到员工，促进那些单位的人员调整。然而，跳槽是雇主不愿意花钱培训员工的理由之一：花钱培训他们，他们还是会跳槽。这样就产生了大学毕业生就业市场的第二十二条军规（Catch-22）：你需要有工作经验才能找到工作，但没有人愿意给你提供工作经历。

当然，这些并不意味着雇主都很坏。招聘是一项非常艰难的任务，雇主一直在尽力用不充分的资源完成招聘任务。其中许多挑战超出了任何单个雇主所能控制的范围，比如说人员调整率在升高。这时，正如生活中的其他境况一样，偏见和缺乏信息交流开始兴风作浪。综上所述，结论就是不要指望有一种既简单又符合逻辑还始终不变的方法适用于所有雇主去招聘。

银行业的偷猎

在所有行业中，对冲基金业最不愿意招聘刚刚大学毕业的年轻人。一般说来，该行业的行政主管因为拥有全球最高薪酬而雄踞各行业收入之首。虽然对冲基金和投资银行一样都在招聘相同的年轻人才，前者却很少会跟随他们的银行同事去大学招募新的毕业生，而是直接从投资银行那里雇用年轻职员。

此举并不会太令人吃惊，让人震惊的是一些对冲基金业的行事方式。他们经常在新银行职员上班几个月后就开始挖人，但并不急于把这些人要过来。他们会和这些年轻的银行职员签订秘密协议，让这些人继续待在投资银行学上一年或更长时间，然后跳槽到对冲基金业，并从现在的雇主那里尽可能带走更多的东西。某种意义上，这就像为一名员工买一份一年左右就到期的期权一样。考虑到他们是对冲基金，或许他们的这种做法就不会太让人吃惊。

雇主想要招什么人？

不管怎么说，一定会有人在招聘大学毕业生。那么，雇主想要招什么样的人呢？

对于刚毕业的大学生而言，经济领域的变化其实并不大。中小学仍然在招聘近期毕业的大学生去教从幼儿园到 12 年级的儿童。警察和消防等政府职能部门还在为大学毕业生提供学习和培训。一个大的变化是现在大部分的就业岗位都是在私营企业。

美国有超过 600 万名私营业主，他们雇用了全国大约 3/4 的劳动力。其中，大约有一半的人在有超过 500 名员工的公司上班,我们可以期待这些公司有一些合理和成熟的用工制度。大约1/6 的员工在中等规模的企业(有 100 到 500 名员工)上班,另有1/6 的员工在小公司(企业规模在 20 到 100 人之间)上班。剩下的在小企业上班,这些小企业的用工制度非常不规范。[5]实际上,这些小企业实在太小了,可以免除许多政府对用工制度的监管和规定。

鉴于用工制度的多样化以及这 600 多万家公司分布在全国各地的各行各业,雇主招聘意见的不统一也就不足为奇了,而且他们在招聘方面的兴趣也不尽相同。想要弄清楚他们要招什么样的人似乎有点困难,因为这得看雇主是谁,以及他在哪个行业。还有前文提到过,实际上很多雇主直到急需用人时才知道自己究竟需要招什么样的人。

这种局面并没有阻止行业协会、新闻记者以及各式各样的评论员,当然也包括政府本身就关于雇主现在以及将来需要什么职员发表声明。这些声明对于雇主而言无关紧要,但对于求职者而言很重要,特别是对于想给自己在未来就业市场定准方向的学生及其家长而言尤为重要。

这些就业声明的大部分预测都集中在理工科类岗位,结果往往是错的。[6]冷战以及 1958 年通过的《国防教育法案》促使上大学的爱国青年学生都去读理工科专业,其部分目的为了击败当时在太空军备竞赛中领先于美国的苏联。虽然雇主一直在抱怨就业市场缺少理工科类毕业生,实际上所有关于科技岗位正规严肃的报道都显示该行业存在人才过剩的现象。这一现象的常见表现形式是博士后课程。在这个课程体系中，由于没有足够的常规工作要做，博士毕业后往往要为更高级的研究人员做几年廉价的助手。

20 世纪 90 年代早期，美国社会对教育不充分性的抱怨开始转向中学。1983 年的一篇报道《一个处于风险之中的国家》（*A Nation at Risk*）[7]披露了 20 世纪 70 年代美国中学生各科学业成绩开始下滑的现象。此篇报道加深了民众的刻板印象，认为自那以后的几十年间美国中学的教育质量每况愈下。当然，这并不代表每个人的观点。几年后，卡内基国家教育与经济研究中心（the Carnegie-funded National Centre on Education and the Economy）发表了一篇同样引起广泛关注的报道《美国面临的选择：高技能还是低工资？》（*America's Choice：High Skills or Low Wages?*）。[8]该报道的观点是既然雇主目前没有面临技术问题，他们就应该转换经营方式，而要做到这一点就要求员工有更高的技能。美国劳工部部长把这一观点付诸行动，成立了一个新的委员会，该委员会设想未来的工作环境会朝着需要更多技能的高科技工作系统发展。该报道强烈呼吁中学生需要具有一整套通用的技能，包括基础技能（阅读、写作、数学等）、思考技能（如决断能力），以及个人品质（如责任感等）。这些观念起源于共和党乔治 · H.W.布什总统当局，然而也被民主党比尔 · 克林顿总统当局欣然接受，因此主宰了 20 世纪 90 年代关于技能的大讨论。

这些报道催生了这一时期最主要的成果：美国社会开展了“校企合作”运动，该运动宣称提高学生技能以及增强他们就业能力的方法就是把学校和雇主更紧密地联系在一起。在实际运作中,这场运动提倡学徒制、合作制、实习制等其他教学形式,旨在帮助学生掌握课堂知识的应用价值,并在课堂教学中应用企业和工作场所的实例,让学生了解如何将这些实例运用到实际工作中。1994 年通过的《就业机会法案》(*The School-to-Work Opportunities Act*)对帮助学生了解如何在学校和企业之间建立联系提供政策和经济支持。

20 世纪 90 年代后期,雇主似乎都和学校建立联系,这无疑是因为低失业率使得他们在众多竞争者里面发现新人才占得先机。64%的学校报道说他们至少有一个校企合作项目(其中最流行的是称之为“工作见习”的项目),38%的学生参与了其中的一个项目,71%的私营企业(大多都是地方企业)报道说他们和当地院校共建了某个校企合作项目。[9] 按当时的比例来算,这种校企之间的合作程度已经是非常高了。其结果是,一名还在学校读书的高中生就有可能与某位雇主建立了联系,后者将为这名高中生提供一些技术和培训,并最终给他提供一份工作。

这种校企合作模式在大学教育这个层次上更有意义,因为大学生的知识更加丰实和多样化,因此可以和雇主的兴趣点有更多交叉重叠的地方。实际上,这种模式可以为雇主创造价值。

校企合作法案于 1999 年寿终正寝。2001 年,华盛顿的新班子对企业中的政府角色不怎么感兴趣,加上当年的经济衰退使得大部分校企合作的项目随之终结。由于对新毕业生需求的削弱,那些认为雇主在推动劳动力技能更新换代中发挥重要作用的主张似乎也随着这些项目的结束而终结，但这并不意味着校企合作项目不是一个好的办法。实际上，校企合作仍然不失为让学生掌握技能、学会如何运用课堂知识的最好办法。

随后，就业顾问提出了一些与技能有关的观点，他们断言在不久的将来一定会出现劳动力短缺的现象。实际情况是当时的失业率居高不下，而美国历史上除去二战期间还从未出现过劳动力不足的情况，因此顾问的观点似乎并未引起重视。这些争论始于麦卡锡公司的“人才之战”研究。[10] 该研究见证了 20 世纪 70 年代较小规模的“婴儿出生低谷期”，并声称不久就业市场将产生一波中年员工的短缺。人们不清楚为什么对中年员工有特别的需求，就业市场也未出现该公司预测的人才短缺，但相类似的报道接踵而至，比如美国商会[11] 的一份报告就推测说婴儿出生高峰期的那一代人即将退休，这必然会导致劳动力规模下降，最终产生严重的劳动力短缺。

这些预测似乎都简单地误读了美国劳动力市场的供应情况。美国人口以及劳动力人口数量并没有由于婴儿出生低谷期而下降，而且当低谷期出生的那代人退休时也不会下降。对于这一点我们心知肚明，因为下一代的劳动力大军已经出生了！我们还知道他们什么时候毕业与参加工作。当然，这些关于劳动力短缺的声明没有一条证实是对的，而且那些关于到 2015 年劳动力将出现短缺的新预测也不可能正确。为什么那些人还是要继续做这样的声明和预测呢？有时候他们都不知道自己究竟在说什么，但这些声明和预测引起了大众的关注，这对始作俑者倒不是一件坏事，尽管很少有人记得这些声明何时证实是错的。

与上述声明相似的抱怨是说市场即使不缺少劳动力，但仍然缺少有技术的劳动力。以企业为主导的咨询机构——总统就业与竞争力咨询机构[12]（该机构24名成员中有20名成员来自企业）宣称到2020年就业市场将会缺少150万大学毕业生，其他机构则宣称到2018年美国大学毕业生的缺口将达到300万。[13]这些数字似乎是说美国经济发展对人才的需求差不多两倍于今年四年制大学毕业生的数量。这也太神奇了。

这些声明有许多问题，其中之一就是它们都假定大学毕业生从事的每一项工作不仅现在需要大学文凭，而且将来也需要大学文凭，因此都否认了学历过剩的问题。实际上，我们知道过度教育的状况非常普遍。美国普通工人所受的教育比他们现在的工作要求超出30%，而且这一数字还在一直上升。比如，大约60%的停车场服务员至少受过某种程度的大学教育。和服务员谈一谈政治科学也许是个不错的话题，但这真不是这项工作的要求。

另一个观点认为新技术将要求员工有更多的技能。至少有一些传闻表明某些技术已经让工作中原本属于新职员的最简单的任务消失了。比如，编译程度和计算数据曾经是会计行业里专门的入门级管理工作，很少要求有相应的高端知识。但是在企业广泛应用的软件系统以及更复杂的软件把这些工作任务都自动化了。这样一来，那些没有多少经验的新员工几乎没有机会一试身手。[14]

工作要求真的提高了吗？一项有趣的研究比较了从20世纪

70年代到现在美国经济领域中工作要求的变化情况。在过去的40多年里,工作要求确实发生了变化,但这种变化十分有限:学术技能(包括分析能力、量化技能及口语能力等)只提高了4%,计算机技能要求提高了8%,这对于计算机的广泛应用来说的确是微乎其微。尤其是对于理工科技能的调查显示,自然科学、工程、数学等相关的工作技能要求并没有提高。

尽管如此,如今越来越多的人主张市场需要更多理工科学历背景的大学毕业生。这种论调在以往几经沉浮,但当新的IT行业巨头微软公司由于受到用工短缺的困扰而加入市场抱怨的时候,这种呼声显得愈加迫切。关于IT行业是否存在用工缺口的争论始于美国商务部和政府审计署(GAO)之间的一场口水仗:前者认为根据雇主的信息反馈,IT行业存在严重的用工短缺,因而需要更多的外国技术人员来补充;后者反对这个意见并质疑商务部的相关证据。此次辩论涉及大量的风险资本,当然,也涉及许多政治游说及相关背景。

最近几届毕业生的就业形势清楚地表明整体上不存在理工类毕业生供应不足的情况。比如,只有22%具有理科文凭的毕业生找到了能用得上相关技能的工作。一半的工科毕业生找的不是工程方面的工作,其中大约30%的毕业生说他们找不到工程方面的工作,另有30%的毕业生说可以找到的工程方面的工作不如其他行业的工作那么有吸引力。[15]

雇主是否需要更多IT和工科毕业生,取决于你是如何理解"需求"这个概念的,尽管根本没有迹象表明市场需要更多的理工科毕业生。如果你认为现在市场上可用的求职者不可能完成相应的 IT 或工程的工作,那么怀疑市场存在用工短缺的人无疑是对的;如果你认为雇主用现在的工资去雇请更多和现在 IT 行业或工程行业从业人员同样素质的大学毕业生的话,那么雇主无疑是对的。

自 2000—2001 学年以来,许多学生转到理工类专业,以至于理工类毕业生人数的增长速度比学士学位的总增长速度还要快。[16]这些理工科学生毕业时能否找到工作是另一回事了,正如刚刚提到现在还看不到有那么大的市场需求。

德克萨斯州和佛罗里达州的立法机构正在考虑努力促使更多公立大学的学生选择雇主青睐的专业,此举无疑徒费心机。即使学校能够迫使或者激励学生去攻读某些专业,想要预测未来几年就业市场的热门专业几乎是不可能的。没有学校(当然也没有立法者,如果他们仔细考虑这一点的话)会向气愤的家长解释为什么学校推荐的专业和家长花费一大笔钱供孩子辛辛苦苦读了几年拿到的文凭,最终会让他们一无所获。

既然没有那么多岗位提供给他们,为什么还有那么多人呼吁说要理工科毕业生呢?一种可能的解释是即使现在没有那么多工作提供给他们,新雇员在理工科行业也不会待太久,当他们离开这些岗位时,他们会完全离开理工职业生涯,所以需要大量新的理工科毕业生再来补充他们离职后的岗位空缺。举个例子,2001 年是 30 年来劳动力市场最好的一年,市场出现了互联网热潮高峰,但是两年后也只有 29%的理工科毕业生找到了理工科类的工作。十年后，大约有一半的科学工程师和电子工程师跳槽到其他行业。他们跳槽最常见的原因是其他行业的工作更有趣，个人发展机遇更好。据我个人对 20 世纪 90 年代 IT 行业的观察得知，影响该行业人才供应最严重的问题之一是几年以后从业人员的大批离职。缺乏职业前景似乎是一个重要因素。[17]

为什么这些行业的人员调整会对大学生产生影响呢？因为这预示着这些入门级的工作有些与众不同的地方，并不可能给你带来长期稳定的职业生涯。雇主可能在入门级的工程和 IT 领域安排了大量的空缺职位，因为在这些位置上他们留不住人，因此他们一直在前门招人，而后门一直在走人。这可能会给你带来非常有吸引力的入门级工作，但同时也意味着这些岗位没有长远的职业规划。有些人纳闷为什么越来越多的学生没有进入这些行业而选择了最受欢迎的商务领域，一个很好的解释可能是商务文凭长期有用。一个人可能会一辈子经商，商贸院校教学生的就是如何计算某项投资的长期回报率。

雇主说他们需要更多的理工科毕业生，而理工科毕业生不一定找得到工作，这一事实说明市场或许需要另一种不同的专业。阿尔弗雷德 · 斯隆基金会（The Alfred P.Sloan Foundation）出资培养专业科学硕士（PSM），聚焦于理科知识与组织能力的实际应用能力。从结构上看，专业科学硕士学位类似于本科阶段的合作课程，其目的就是根据雇主投入来开发课程内容，雇主提供实训场地让学生应用课堂知识。目前，美国有 200 个类似的学位课程项目，大部分集中在地区州立大学。就像几十年前的高中学校的校企合作运动一样，市场一致认为这种课程是把课堂学习和实践技能结合在一起的最好方式。（欲查询该项目全部的课程目录，请登录 http://www.sciencemasters.com）

问一问雇主吧

大部分关于大学生就业的报道都存在一个麻烦的问题，那就是很少有人询问真正雇用大学生的人到底想招什么样的人。当我们问起这个问题时，如果你认为大学课堂是学习工作技能的地方，答案一定会让你大吃一惊。

几十年来，实际招人的雇主对刚毕业的大学生的抱怨都是一样的，那就是他们的工作态度——“他们能准时上班吗？”“当任务很难时他们是否还会去尝试？”“他们有工作目标吗？”等诸如此类事关责任心的问题。心理学家往往把这些行为看成是植根于一个人性情之中的本性，但最近有人认为这些行为是可以调教的。雇主很少会抱怨毕业生缺少具体的学术能力，而经常抱怨毕业生缺少标志着成熟的相关行为。如果考虑到我们谈论的员工都是年纪不大或心智还没有完全成熟的刚从大学毕业的学生，这一点也就不足为奇了。[18]

雇主从大学毕业生中招聘员工时，学生的学术能力真的不是主要的考虑因素（这一点前文已经谈到）。一项由全美高校和雇主协会开展的调查显示，当被问到看重毕业生的哪些具体的能力和技能时，雇主的回答具有相似之处，其中“与工作相关的技术知识”(像酒店管理之类的职业技能)在九项指标中排第六位。[19]他们看重那些能在任何正规学位课程中学到的技能,比如说决策能力、交往能力以及信息处理能力等,但即使是这些技能也不如工作经历重要。2013 年,《高等教育纪事报》开展了一项雇主对新员工素质看法的调查,结果显示工作经历是雇主想要得知的关键信息。切记:这是针对那些至今还没有过一次全职工作经历的大学生而言的,课程是否与工作有关就没那么重要了。(参见数据 5.1)

数据 5.1　评价毕业生素质的相关重要性指标

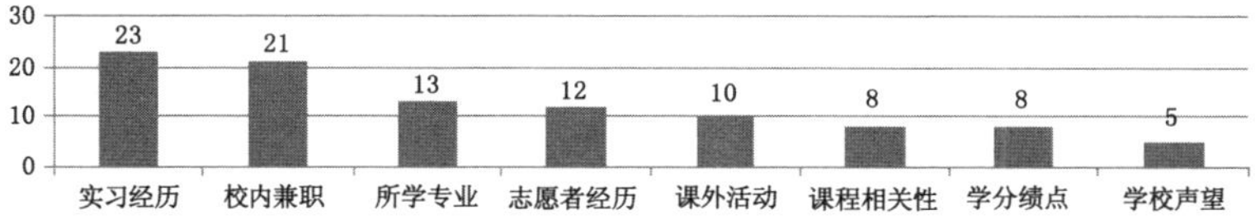

数据来源:*Chronicle of Higher Education*, “The Role of Higher Education in Career Development: Employer Perceptions,” 2012, http://chronicle.com/items/biz/pdf/Employers%20Survey.pdf

许多雇主认为实习在很大程度上胜过所学的专业知识——这才是任何非实习经历的本质,它从定义上是指你在大学时的兼职工作。课堂之外不计报酬的志愿者经历几乎和大学专业同等重要,还有课外活动也同样重要,比如参加法语俱乐部等。

大家或许要花几分钟来接受上述观念。学校承诺那些职业性很强的专业如医疗软件管理等才是找到好工作的关键,因此学生们蜂拥而至,雇主们对此却可能不以为然。

在一次关于学术能力和大学经历的调查中,研究者惊讶地发现即使一些工作需要大学文凭,如果求职者的其他特征符合岗位要求,70%的雇主都会忽略对学历文凭的要求。如果许多雇主都忽略某项岗位要求,这就意味着这项要求可能更多的是一种很难观察但能用其他方式估量的象征物。如果雇主能直接观察到,比如工作成就,那么大学文凭就没多大意义了。他们想要的是工作经验,而这一点在刚出校门的大学毕业生身上很难看到。

工作经验很重要的另一个原因是大部分雇主都不愿意花时间和金钱去培训新员工从事任何第一份工作所需要的最初技能,比如如何在工作中给自己定位,以及某一项工作早期更具体的技能。2013 年,埃森哲咨询公司对雇主的调查显示,1/3 的雇主承认新员工的所有问题都是因为没有对他们进行足够的培训造成的。雇主想通过物色已经有工作经验的求职者来弥补岗位培训的不足。

调查同时发现大学生为什么会流向更职业化的专业,从而证实大学教育未能满足学生对工作技能的需求。雇主抱怨毕业生最大的不足在于管理能力、决策能力、组织能力和计划能力,以及口头语和书面语的交际能力(详见附录中)。这些能力中没有一项和具体的职业课程有关。

“与工作相关的技术能力”和“与工作相关的知识”之间没有感知差距。你可能认为一些具体的工作技术可能要求一门专业学位。实际上,学生的分析能力和研究能力已经绰绰有余。相关资料显示，学生们没有必要了解更多关于自己申请的工作所在的行业领域，差距存在于生活技能方面。

这些市场上真正的雇主得出的结论不是说读大学无关紧要，而是说工作技能没那么重要。大学经历看起来被当成了其他素质的替代物，但雇主更愿意把这些素质直接看成是成功的工作经历。

这对攻读专业的职业学位而言，即那些为在某一行业找工作或为了某一特定的工作职能（如药品营销）而量身定制的专业而言意味着什么呢？这听起来并不乐观，因为专业学位似乎没什么必要，这些学位的负面影响会把你局限在或许并不理想的行业里。

经济学家奥弗·穆莱马德（Ofer Mulamud）对英格兰和苏格兰的教育制度做了一次有趣的比较，目的是调查过早选定专业是否有利于个人未来的职业发展。英格兰的学生申请上大学时，就选定一个专业领域，然后只关注这一领域；而苏格兰的学生在大学细分专业之前的头两年里，只学普通的基础课程。他发现与苏格兰同龄大学生相比，更多的英格兰大学生毕业后转向与所学专业有很大差别的行业，大概是因为他们从事的第一份工作不是那么理想。当他们换工作时，要付出比苏格兰毕业生高许多的代价[20]。换句话说，投资专业化的资金成本存在着巨大风险。

一项职业教育研究得出的结论可能会对许多高校以就业为中心的课程设置提供一些借鉴和参考。经过很强实践训练的高中毕业生从事的第一份工作似乎要比那些接受更多基础课程教育的大学毕业生做得好，但是这种优势会随着时间的推移而消失。一般来说,更多的职业教育背景使得一个人很难改变今后的职业方向,也更难适应日后职业生涯中不可避免要出现的新的工作环境。[21]

这些职业化的实践课程一大特点是你能一直从中学到东西。一门教学生应用于健康护理领域政策法规的课程,对于当年招健康护理专业毕业生的雇主而言还是会有一些兴趣的。但这类知识不会长久有用,因此学生可以去上一些基础的终身有用的课程,比如学习如何更好地做决策,或是如何更好地理解他人。证据表明那些以职业为导向的大学毕业生在他们的课程学习中漏掉了一些有用的东西,因此不利于他们第一份工作之后的职业生涯的发展。

实习的问题

一位有兴趣找工作的大学生能做的最好的事情就是获得工作经验。如果雇主把工作经验放在求职要求的首要位置,你该如何获得工作经验呢?如果你还在上学,又该如何获得呢?

答案之一是实习,这是雇主想要的。同时,实习也提供了一种解决目前复杂问题的方法:雇主都希望大学课堂能向学生提供工作经验和技能,但这只是一厢情愿。

《经济学人》杂志最近进行了一次全球企业实习计划调查,范围遍及世界各地。位于布鲁塞尔的欧盟委员会一次性提供了1 500个实习岗位,中国的阿里巴巴、印度班加罗尔(Bangalore)的印乎瑟斯(Infosys)等都有全球性实习计划。像时尚业、新闻业等行业也有不计酬的实习岗位。美国仍然是实习的主战场，或许是因为美国的大多数实习岗位是免费的。《经济学人》估计 90%的美国高校给学生的实习提供一定的学分，这将允许雇主有权不付报酬给这些实习生，同时也允许学校可以给非本校提供的实习工作计算一定的学分(当然，学生及其家长要为学分买单)。稍后我们再讨论实习成本的问题。[22]

雇主似乎越来越把实习当成一种筛选求职者的方法了。例如，在宾夕法尼亚州，180 位雇主去大学校园招聘暑假实习生，2014 年有 87%的大学毕业生说自己有过实习经历。《经济学人》提供的数据 5.2 采用来自领英网(LinkedIn)成员的数据，报道并分析了实习是否会带来一份全职工作。从表中可以看出，学生的求职过程已经大大提前了，尤其像财会这种专业，可能提前到低年级暑假实习阶段。(参见数据 5.2)

数据 5.2　内燃机：带来就业的实习岗位

(2013 年每 1 000 名受雇大学生实习岗位的百分比)

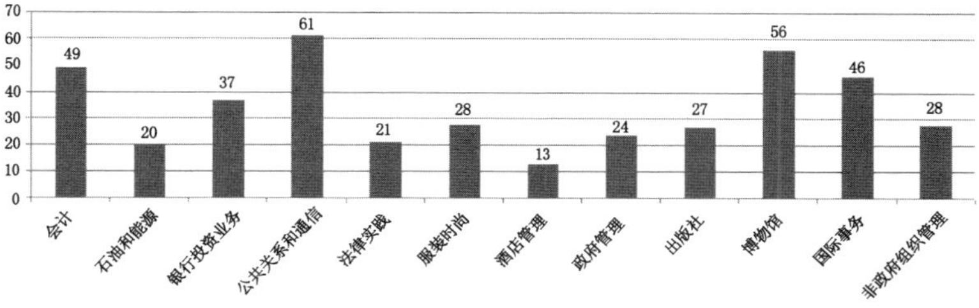

数据来源：Generation i, *The Economist*, September 6, 2014

并非所有公司都把实习当作招人的途径，而且寻找实习机会的学生比空缺的实习岗位要多得多。当公司不需招人时，学生所做的实习工作往往就没多大意义了。

两者间的分歧产生了不计酬的实习。什么是不计酬的实习呢？在“本应该是”和“实际上是”之间存在巨大差别。私营公司不计酬的实习本应该严格保护实习生的利益，雇主不应该从实习生身上获取任何利益。根据《公平劳动标准法案》（*the Fair Labor Standard Act*），实习生本应该获得薪酬。然而，计酬和不计酬之间实际上几乎不存在差别，只是后者不付薪酬而已。在诸如新闻业等某些创造性行业，几十年来普遍存在不计酬的实习。

不计酬实习太普遍了，以至于现在有一个行业依托它发展了起来。你只要缴纳一定的费用，该行业就会为你找到不计酬的实习岗位，从而让你积累更多的雇主喜欢的工作经验，像 Internship of Your Dreams 公司以及 Internship.com 公司就提供这样的机会。他们就像代理人一样，为那些总因为规模太小不便组织校园招聘会的雇主和那些谋求暑期实习岗位的大学生牵线搭桥。这些公司在纽约特别受欢迎，该市的实习公司也安排家政实习岗位，只要你愿意付费。[23]

这些代理公司提供的实习有价值吗？由于雇主把工作经历放在首要的位置，这类实习也许有一定的价值，而且确实给学生与合适的公司之间建立联系提供了机会。这类实习机会就像常春藤联盟院校的暑假班一样：或许你进不了耶鲁大学，但你在耶鲁大学暑假班里的好表现足以证明你的能力。

即使是不付酬的实习，竞争也会非常激烈。一位大学生生涯规划辅导员曾经告诉我："越是有名的雇主就越希望实习申请者在其他地方有过实习经历。"这再一次证明了雇主在招人的时候非常挑剔，而且希望求职者一招进来就能为公司出力。记住，这里所说的许多岗位都是不付酬的。

然而，人们逐渐意识到营利性公司不付酬给实习生往往是不合法的，其中部分得益于几个广为人知的案例。比如在拍摄影片《黑天鹅》时，不计酬的实习员工起诉了制片公司并最终于2013年获胜，因为分配给实习员工的工作违背了《公平劳动标准法案》。[24] 向政府有关部门投诉不付酬的实习被抓的风险很小，实习生和雇主都不大可能这样做。客观地讲，许多时候雇主还是不想用实习生，因为这样要花时间和精力找到有用的事情给他们做，而没有人愿意花时间这样做或去培训实习生。但是雇主经常把这些实习机会当成优惠条件提供给自己的顾客或是其他的权益相关者，或许这些人正在为自己未就业的孩子找事干。所以，雇主有合法的理由拒绝接纳实习生。

以下是不计酬实习的岗位要求：

1. 即使你可以在实习期间实际操作雇主的仪器设备，实习还是类似于一种在教学环境下进行的训练。

2. 实习经历有利于实习生。

3. 实习生不可取代固定员工，而应在现有员工严密的监督下工作。

4.提供实习岗位的雇主从实习生的工作中得不到即时的回报,有时企业的运转可能还会受到妨碍。

5.鉴于实习阶段的表现,实习生不一定能获得一份工作。

6.雇主和实习生双方都知道实习生在实习期间无权领工资。

规范这些要求的法律是《公平劳动标准法案》,达到这些要求非常困难。如果实习生拿大学学分换实习经历则要容易得多,这就是为什么这种做法深受学生欢迎。欲了解规则详情,参见 U.S. Department of Labor, "Wage and Hour Division (WHD): Fact Sheet #71: Internship Programs Under the Fair Labor Standards Act," April 2010, http//www.dol.gov/whd/regs/compliance/whdfs71.htm。

《高等教育纪事报》调查询问了雇主会建议那些在所学专业领域里找不到工作的大学生可以做什么。相比较在专业领域谋求深造的学生而言,雇主更青睐那些在专业岗位上不计报酬的实习生。实际上,雇主更喜欢在不相干行业中的志愿实习者而不是想继续深造的学生。这就说明这种不计报酬的实习不但不会消失,反而会成为更加职业化的学术课程。

尽管实习环节对于求职者而言看起来更加重要,却没有迹象表明雇主正在拓展这个环节。随着经济的发展,2/3 的实习生找到了全职工作(大约 80%的实习生找到了全职工作)。[25]然而,全美高校和雇主协会发现 2013 至 2014 年期间雇主提供的实习岗位反而减少了。

与此同时,各家公司还是愿意花大价钱去雇用为数不多的、具有市场急需技能的尖子生。据为求职者和雇主之间牵线搭桥的 Glassdoor 公司报道，至少在他们所调查的岗位中，最好的带薪实习岗位是在一些软件公司，如微软、谷歌、亚马逊等。这些公司为暑期实习生提供相当于年薪八万美元的报酬。其中，软件程序员的薪酬又是最高的，这些专业的实习生在实习时就像正式员工一样上班。[26]

当然，即使是带薪实习也不一定是学习工作技能的理想安排。最近一项针对大学实习生的调查发现，最让他们对实习经历感到失望和沮丧的是技能训练：要么训练次数不够，要么练习得不够深入。[27]

工作经验的替代品

雇主想要大学毕业生能证明自己具有工作技能，而工作经验是雇主首要的考量要素。当实习带给毕业生的工作经验极其有限时，他们又能做些什么呢？

虽然不能代替真正的工作经历，你还是有可能不用花多少钱，而是通过在线课程就能够掌握各种各样的工作技能，尤其是那些技术领域里的工作技能，获取相应的资格证书。其中最受欢迎的是通过资格水平考试的软件专业知识的资格证书。至少有一些雇主愿意在考虑学历的同时，选择考虑这些资格证书。（参见数据 5.3）

数据 5.3 非传统学历的市场认可度

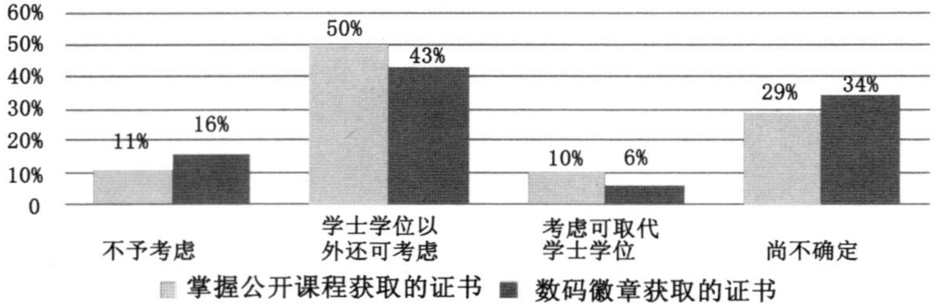

数据来源：*Chronicle of Higher Education*, 2012

数码徽章(digital badge)是一种认证方法，可以证明学生已通过标准考试，掌握技能。(详情请登录麦克阿瑟基金会网址 https://www.macfound.org/programs/digital-badges/)某些特定课程还颁发证明熟练程度的资格证书。想要了解这些资格证书的话，请登录专门为部分数字徽章和证书提供在线测试的公司网址 Prometric.com。微软和思科(Cisco)等知名公司则使用自家公司的系统进行大规模的操作来证明员工拥有的知识和技能。

Skilledup.com 和 Balloon.com 等提供在线培训的公司，组织并集合了一大批学生可用的商业市场资格证书在线课程。但不巧的是，由于每个行业千差万别，而且人才需求变化如此频繁，没有哪家培训公司能清楚权威地告诉学生市场需要哪些资格证书，哪些课程是最可信的。

一些证书课程费时很短，但许多课程都要求有一年多的课堂培训。健康护理的技能证书项目最多，所占比例超过 40%，其中一个原因可能是该行业有许多的行业许可要求。长期了解和熟悉这些要求几乎是不可能的，因为每年都有上百万条新规出台。想要弄清楚这些证书能否为你找到好工作，这无疑和要回答正规教育是否有回报一样困难。个别有资格证书的学生挣更多的钱，但也不能说明这是接受课程教育的缘故。有证书的学生和没有证书的学生不一样，我们必须算出获得证书的成本等等。少数学生的成功案例展示了不同证书的不同回报。[28]毫无疑问，资格证书的泛滥搅浑了水，使得雇主更难知道哪种证书能真正体现出实际工作中有用的技能。总而言之，虽然认为证书能证明工作技能的想法不错，但迄今为止，这也不是什么万全之策。

走近企业家

目前，学生及其父母急切地想从雇主那里找到工作，雇主想要雇用有工作经验的毕业生，但又不肯给那些没有工作经验的毕业生提供任何实习机会，此间的吊诡似乎令人抓狂。大学处于夹缝之中，毕竟课堂上用来弥补这种差距所能做的事情比各校在招生广告中宣传的内容要有限得多。

毫不奇怪，企业家在这种夹缝中发现了商机，并且开始介入。他们提出了一项最令人感兴趣的计划去弥补工作经验方面的不足：只要缴纳一定的费用，他们就能许诺给毕业生提供真实的工作经验，而不仅仅是课堂知识，而这些工作经验在今后的职场上都很实用。不像实习市场中的代理人，这些公司本身就提供工作经验。

General Assembly 等创业教育企业一开始就让没有企业经验的新手在熟练员工的指导下接触公司真正的工作岗位,并一直教授实践课程。你可以把这种模式看成是师徒模式。一般来说,这些岗位都是非营利性质或是新手起步级的。毕业生从岗位实践中学到的也许是完成这些工作的能力。作为该市场先行者之一,DevBootcamp 公司招收没有计算机行业经验的毕业生,然后把他们安排到公司的编程项目组中,学习编程等内容。参加这种项目的学生要付和私立大学学费一样多的钱——30 个工作时要付 4 000美元。虽然这些项目最终不能保证就业,但提供这类项目的相关组织和单位在完成该项目之后一般来说都很乐意雇用那些项目参与者。

如今,这些被称之为"新兵训练营"的项目非常盛行,CourseReport 公司(公司网址:CourseReport.com)专门跟踪报道这类项目。据报道,超过 141 家公司用这种手把手教的方式主要教授计算机编码等方面的技能。这些公司的目标就是员工想学什么公司就教什么,而且所教的内容都是在真实的工作中用得到的。这样,虽然环境不一定真实,但工作内容一定是真实的。

当然,最大的问题还是这些项目是否真的能带来就业。一次针对不同项目毕业生的调查显示,75%的参与者在完成项目之后找到了工作,并且在工作中用上了刚学会的技能。他们以前没有参加过这种项目,平均支付了一万美元的费用,随后的收入有了可喜的提升——上涨了 44%。仍然有 14%的项目参与者没有找到工作,这个数目并不大,但是以前只有 48%的项目参与者能找到全职工作。这些都是自我报告的数据，但正如正规大学就业率方面的报道数据一样，这些数据也是真实可信的。

随着提供这些工作经验的营利项目的增加，一个显而易见的问题出现了：如果他们这样做可以挣钱的话，那为什么普通的雇主不能提供相同的工作经历呢？关于这个问题有一些很好的解释，其中一条或许是公司里没有人懂得如何让一名新手成为程序员。让一位繁忙的 IT 专业人士放下手中的工作去教别人怎样成为一名程序员，这代价未免太昂贵，而且也并非人人都是好老师。或许其中最大的缘由是任何想和“新兵训练营”项目组一样进行训练的公司都将违法。记住：雇主必须付酬给任何为了公司利益而工作的员工。正如前文所示，一直以来不断有人违法，但至少应该让雇主在违法之前稍加思考。

这些“新兵训练营”项目或许还会激增，我们迟早就会看到有关这些项目滥用、项目参与者找不到工作以及他们根本就没学到东西的报道。记住：这些项目不可能一夜之间就改变普通教育者的行为方式，甚至也改变不了那些营利性私立学校。

这些公司兜售的和资格证书或数码徽章所提供的大有区别，他们主要是为雇主提供对项目参与者的参考意见，比如这位求职者做得很好，因为他为雇主的生意建了一个网站。这或许不像那些以考试为基础的证书那样有效，但至少在这些行业领域，雇主似乎非常认可。

达特茅斯学院的塔克商学院（Dartmouth’s Tuck Business School）、米德尔伯里学院（Middlebury College）、伯克利大学哈斯

商学院（Berkeley’s Haas Business School）等一些院校已经开始涉足职业技能培训领域。比如塔克商学院就有无学历、无学分的商务桥课程（Business Bridge），该课程瞄准那些没有商务教育或经历的刚毕业的大学生，给英语专业的学生提供快速而基础的商务课程，特别是提供有关咨询和求职帮助等能在商业就业市场谋求一席之地的课程。“美国风险投资”（Venture for America）等其他项目培训大学毕业生如何白手起家，然后把毕业生输送到经济不景气的行业里去打拼。

付钱给公司以获取工作经验，这想法听起来或许很荒谬。这比付钱给大学做同样的事更糟糕吗？假设你上的大学煞有其事地宣传学校的实习计划，即四年里的每一学年都安排带学分的实习（相当于每个学期都有实习安排），如果这所私立大学的学费大约是每年四万美元，你就要付其中的两万美元去获得工作经验。这样算起来，付钱给公司获得同样的东西就算是便宜的了。

临时工市场

近年来，临时工代理机构或许成为那些毕业后没有找到全职工作的大学生进入正常就业渠道最常见的途径。其中的原因是这些代理机构实际上有某种能力去培养临时工的工作技能，并且可以用资格证书去证明这些技能。这样一来，他们能以更好的价钱使这些临时工得到雇佣。许多临时工代理机构提供免费的培训课程——记住，临时工不是正式员工，因此代理机构不必担心要为培训他们所花的时间付钱。这些课程反过来又为代理机构服务，因为通过这些培训可以让代理机构以更高的工资把临时工雇出去。

在成为正式员工之前，你必须接受这样一个事实，那就是现在许多雇主都在提供全职工作之前雇用临时工以便检验这些工人。如果雇主给临时工提供一份专职工作，他们一般要付临工代理机构一笔钱，同时也要付代理人一笔钱。我与小凯勒（JR Keller）共同的研究发现美国公司大约有 2% 的工作是由后来转为正式工的临时工来完成的。[29] 这个数量听起来似乎并不多，但这 2% 的工作岗位数已经超过了一年里进入劳动力市场的新毕业的大学生的数量。

还有一种普遍的观点认为当今的大学毕业生真的喜欢跳槽，但没有真实的证据来支撑这个观点。实际上，有报道称喜欢一份更稳定的工作与喜欢更高收入的人数之比是 2 : 1。[30] 年轻员工身上的限制更少，所以他们更容易跳槽，但这并不意味着他们一定想这样做。记住，每次有人辞职另谋高就，是因为有别的雇主想把他挖走。

就业市场总结

仔细了解就业市场运行的方式，你就可以清楚地认识到上大学本身其实并不意味着一定能找到好工作。在美国教育的早期，上大学标志着一个人将来很可能会取得成功，因为只有那些出身名门望族的人才能优先上大学。所以,那个时候上大学与其说是成功的原因,倒不如说是象征成功的标志。二战后,这种情况发生了改变。当时,大公司的兴起为成千上万的工程学毕业生创造了许多技术性工作岗位,同时为更多各种背景的毕业生创造了许多管理岗位。上大学成为当时找新工作的必要条件,大学生接受终身职业的训练,并且把自己的职业生涯交由公司去规划。

二战后的模式正逐渐衰微,取而代之的是大学与就业之间的紧密联系。现在的模式是雇主想雇用能立马上岗不需要任何培训的求职者。大学希望通过开设大量具体的、直接针对岗位的专业来满足这种需求,当然大学里确实有许多专业直接面向职业(至少对于第一份工作而言是这样的),比如会计、护理、教育学、工程及信息技术等。问题存在于经济领域的其他行业里。雇主似乎并非都对将大学视为培训员工职业知识和技能的基地这一观点感兴趣。看起来他们对毕业生的工作技能更感兴趣。

问题是大学文凭似乎不能向雇主提供他们想要的工作技能。这也许并不奇怪,因为大学本身是培养学术能力而非工作技能的机构。现在,针对不同的岗位,雇主想要的工作技能都已经非常具体化了。大学想要在自身的校园里复制能培养职业技能的工作环境,其效果往往差强人意。

实习、合作项目以及其他与雇主合作的校园项目在帮助学生就业方面发挥着巨大作用。然而,父母应该记住自己已经用付学费的方式为积累这些工作经验付费了,因为学生要获得工作经验才能获得相应的学分。所以,与其选修一门世界史的课程,不如为当地一家非营利企业组织几次新闻发布会。

我们可以接受目前这种高等教育的学费价格吗？或许不能，尤其是如果还有其他选择的时候。或许正确的做法是让大学做自己擅长的事情，即教育教学而非职业培训，让大学专注于传授知识和生活技能而非职业技能，以及通过其他途径与就业市场产生联系。那些途径有可能是低报酬、入门级的工作，也可能是“新兵训练营”或在其他地方可以学会的应用技能，甚至是不计酬的实习。这对于毕业生的长远发展来说大有好处，会让他们受益终身，而并非只对第一份工作有用。从雇主的角度来说，这似乎要比大学生在大学学习职业应用技能要好。同时，这也让那些好不容易为孩子上大学买单的父母重新思考对于只想找一份有回报的工作的孩子而言，上大学是否真的有必要。

第 6 章

结 语

上大学真的是找好工作的关键吗？对于年轻人和整个社会而言，这无疑是一种对未来持乐观态度的集中体现。相较于生活的其他方面，大学相对来说属于一个由精英领导的团队。尤其在美国，学生几乎可以毫无限制地选择重新再来：可以中途退学然后重新就读；也可以从一所社区大学转到一所研究型大学；有必要的话，经过很长一段时间你能拿到一堆各式各样的学历文凭。大学的成功经历当然与个人努力和能力相关，同时也越来越有可能通过付费获得由导师和援助系统提供特别帮助的方式获得成功。以需求为基础的财务补贴为那些家庭贫困的学生提供特别的支持和援助。如果学生在学习或大学生活的其他方面表现出色的话，他们就会接触到许多让生活更丰富更充实的有益事物，从而开启自己的职业生涯。

无数实例说明上大学能在许多方面提高人们的生活质量，比如更好的健康、更好的公民意识和个人成长等，而这些也有益于整个社会。[1]

近年来，美国快速扩大了高等教育的规模。部分原因是大学对于社会和个人显而易见的益处，更深层次的原因是一种政治诉求，即大学教育为公民的个人发展提供了一条基于价值的道路。

市政当局和政治家都提高了认识，认为发展教育，特别是兴办更多的大学是社会进步的必由之路，尽管近年来大家都不愿意作为纳税人为此买单。

与此同时，就业市场也发生了变化。大学生发现越来越难找到一份待遇好、特别是能够预测未来职业发展道路的稳定工作。提供长远职业规划的大型公司在美国的劳动力市场上没那么重要了，越来越少的公司愿意雇用有潜力的员工并且把他们培训成为终身职员，公司只希望新雇的员工已经掌握工作技能并且一上手就能为公司出力。大学的角色已经变成要说服学生相信大学教育能够为他们提供这些工作技能了。

这些情况累加起来对目前2 100万的在校大学生尤为不利。近年来，各高校招生规模显著增长，但公共教育资金没有相应提高，学校只有把更多的教育成本平摊到学生及其家长身上。这可是一笔特殊的负担，因为自20世纪90年代中期以来，超过50%新入学的学生不成比例地来自并不富裕的家庭，特别是自经济大衰退以来，这些学生家长一直为保求自身的工作稳定和支付能力而苦苦挣扎。对于这些家庭而言，送孩子上大学往往是一笔巨大的经济负担。与此同时，一个家庭很容易陷入经济危机，这是因为以房产做抵押或牺牲退休生活去借贷送孩子上大学，现在已经成为许多家长常做的无奈之举。这些做法在几十年前是行不通的。

当这些家庭捉襟见肘地送孩子上大学，或这些贫困学生自己去借贷上大学时，毕业后找一份好工作的压力就愈发紧迫了。这种压力的另一种来源是越来越高的教育成本和越来越低的支付能力,即助学贷款把教育成本转嫁到毕业生日后的前途上。越来越多的学生用助学贷款来支付上大学的费用,然而这种负担可能会严重损害学生将来的利益,因为助学贷款的利息高于住房抵押贷款利息并逐年累加,学生即使是身陷破产也必须偿还本息。如今,学生及其家长通常冒着巨大的经济风险去支付上大学的费用。

针对上述风险,美国高等教育体系主要通过以下两种重要的方式作出回应。第一种是针对学生及家长担心毕业后找不到好工作的顾虑,各所大学推出更多旨在瞄准毕业后找工作的新课程。新办的营利性大学几乎毫无例外地以学生毕业后找到工作为首要办学目标,并由此来确定学校的招生宣传策略。第二种就是学校以不同方式——下班后或校外的——为那些不得不全职工作以缴纳学费的学生颁发大学文凭。

这些新举措正以一些重要的方式改变着大学经历的本质。一个上了年纪的上班族下班后花八年的时间学完大学课程,与之相对,一个年轻人生活在大学校园里,花上紧张得多的四年时间学完所有大学课程,学校还有许多课外内容帮助他学习和成长;这两种大学教育的经历和效果当然不可同日而语,然而我们经常把两者相提并论。即使同在大学校园里,学习一门以职业为导向的融合教学与实习的房地产管理的课程和文学、历史、自然科学、数学等课程,其效果也是不一样的。

没有理由相信新的做法会像传统大学教育那样给我们个人和社会带来相同的益处。客观地讲,许多大学已经做不到这一点了。当今大学教育的目标就是找一份好工作,一切的教育活动和教学内容都围绕着这一终极目标进行。

这些新做法对于学生及家长而言是否有效,很大程度上取决于这些做法所产生的回报。许多在校外取得的应用型学历真的能帮助学生找到好工作,然后去还清助学贷款或是父母以房产抵押借来的钱吗?这一点对于学生及其家长而言是巨大的经济赌注,而且现在的赌注充满了巨大的风险。大多数人进行这样的博弈是基于各所大学的招生宣传,还有就是社会普遍认同的观点:上大学是个人发展的必由之路,任何称职的父母都要作出巨大牺牲把孩子送去读大学。其实,我们可以做得更好。

即使你不是一个要缴费上大学的学生或家长,高等教育的发展对于你来说也非常重要,因为这些发展会对社会产生巨大影响,比如说改变未来劳动力的性质,培养社会公民以及塑造其教育背景,影响公共消费及税收等等。如今,高校助学贷款已经成为国家第二大债务来源,而处于未充分失业或未就业的大学毕业生对于社会和家庭结构而言都是一个巨大的包袱。

我们不知道现在上大学是否有回报,至于对将来上大学是否有回报也知之甚少,但我们确实了解很多,可以作出更好的决定。仅此而已。

大学迷思

关于就业环境发生变化的许多说法,催生了美国大学教育回报问题的固执观点,其中包括:今天的学生在基础教育阶段表现得比以往更差;同别的国家相比较,美国的教育制度失败了;如今以及将来的工作都需要接受更多的教育;只有接受了良好教育的人才能找到好工作;市场缺少理工科学历的毕业生;等等。没有任何证据支撑这些观点,我们所知道的是这些观点都站不住脚。

当然,美国教育制度的真实情况并不完全乐观。对学生及家长而言,美国拥有全球最昂贵的大学教育体系。一个美国家庭送孩子去上大学要比其他发达国家普通家庭多花六倍的费用,而且美国读四年大学的学生比任何其他国家都要多,但是毕业率几乎垫底。尽管一些不能如期毕业的学生多年以后最终还是能够拿到文凭,好几个国家大学毕业率都比美国要高。与其他国家相比较,美国贫困家庭的学生上大学的比例更小,然而有相当比例的美国大学生要补习高中阶段落下的功课。美国普通工人所接受的教育程度实际上已经远远超过了他们从事工作的要求,当然其他发达国家也是一样。

诸多因素造成了一个事实:在美国,大学毕业生要比高中毕业生挣得多,并且两者之间的差距还在扩大。然而,为什么会这样以及对于刚毕业的大学生而言是否还会这样,还真不好说。差距扩大的主要原因是那些受教育少的人的收入在缩水,而不是大学毕业生的收入在大幅增加,这一点对于刚毕业的学生而言尤其如此。还有就是因为大学毕业生干得比高中毕业生要好得多,但即使这样他们也挣不了足够的钱去偿还上大学的费用。

关于大学生工资收入的争论其实暗含着一个观念,那就是如果一名高中毕业生上了大学，他会和一名大学毕业生挣得一样多。我们知道事实并非如此，上过大学的孩子比没上过大学的孩子具有许多优势，有些优势和个人能力有关，有些优势和家庭背景有关，还有些优势是他们拥有那些即使没上大学也会让他们在生活中表现得更出色的资源。

另外，我们从雇主那里了解到他们更看重学生身上那些与生俱来的能力，比如领导才能，以及课外活动中所展示的能力，而不是传统的课堂学习成绩。这一点值得我们好好反思目前简单机械的大学教育模式的真正价值。

上大学的回报

校与校之间令人难以置信的差别是关于大学教育回报的巨大差异。如果你细心观察和分析上大学的实际回报，你就会发现许多大学（多达1/4）的回报率实际上是负数的。很难让人相信学校在提高学生的市场价值方面似乎无能为力。许多问题可能与这些学校的学生的个人素质有关，但这种现象还是让我们对人人都能从大学教育中得到回报的观点产生怀疑。

对于大多数大学而言，上学成本的年均回报率大约是7%，相当于股票市场投资回报率。这听起来也许还不错，但那些未受资助的学生的贷款利息率大约也是7%。谁也不能保证未来上大学的回报率还将保持现有水平。实际上，目前高水平的回报率是对过去上大学回报率极低的一种自身纠正。

其实,大学文凭本身不一定有回报,关键还在于学生是哪类人,以及上的是什么样的大学。

上大学的成本

影响回报率最明显的因素是上大学的成本和费用。虽然我们往往在这方面想得不多,但是如果一名学生中途退学的话就会产生巨大的上学成本。对于一名高中生来说,高中毕业后等上一两年再上大学或许会让他在亲朋好友面前丢面子,但把一个在学术和社交上还没准备好的学生送去大学,也是一件很糟糕的事情。第三章列举了一些学校在降低辍学率方面的做法。那些做法固然不错,但无形之中增加了上大学的成本。

影响上大学回报率的第二个最重要的成本因素是读完大学所花的时间。由于只有40%的全日制大学生能够按时毕业,60%的学生能在六年之内毕业,学生完成大学学业的时间差别很大,这就极大增加了上学成本。花不止四年时间毕业的可能性在计算回报率时是很少统计在内的,因为这种情况实际上包含巨大的辍学风险。当然,还有一些因素也影响回报率,比如哪些学校有大量的学生援助项目。如果一所学费更贵的私立学校学生援助项目很齐全,新生四年之后都可以如期毕业,这样整体上就比要花不止四年才能毕业的州立大学的成本要低。

导致延期毕业最可控的因素是按时完成所有专业课程要求的难度。复杂的专业有许多课程要求,特别是一些高级课程有许多要按照一定顺序来完成的先决条件,这些都会以许多方式中断学业从而导致延期毕业。如果是为了将来的回报,学生觉得有必要换专业的话,他很有可能会延期毕业。

在申请并获得学校有可能提供财务补贴的明确答复之前,你几乎不可能搞清楚上大学真正的费用是多少。想要弄明白各种财务补贴之间细微差别的需求催生了一个行业,人们试图通过任何有效的方法去申请助学贷款,比如转移财产以提高资格的可信度,这种做法会产生法律问题,并不值得这样做。关于财务补贴,我们可以得到的基本启示是申请的过程是琐碎细微的,但取得财务补贴的好处是巨大的,值得为此花钱去请人帮忙搞清楚想获得财务补贴是否存在障碍。

任何财务补贴的相关信息都包括两种重要的评定标准。第一种是优秀奖学金,即学校情愿降低学费来吸引那些可来可不来的学生。此类补贴有时是用来招收更多特定地区的生源,有时用来招收那些具有特殊背景的学生,大多数情况下是用来招收那些学业成绩比其他学生的平均成绩要好的学生。为了降低上学成本,值得去读一所相对差一些的学校吗?或许值得,至少从大学文凭的经济回报方面来看是值得的。正如第四章提到,名校毕业生在职场上表现得更出色,仅仅有上了名校这个理由并不充分。

第二种评定标准关心的是财务补贴中助学贷款所占的份额,或许以前我们对此并不是很在意。除非毕业后马上就能找到一份很好的工作,否则贷款会对个人今后的经济状况造成严重的影响。用贷款来支付上大学的费用,毕业后又不能及时还贷,这可能是一种巨大的不良风险。从节约成本的经济角度考虑,读一所不那么出名的大学,去获得更多的优秀奖学金以减少贷款的数额,这倒是一个非常明智的经济决策。

上大学的好处

计算大学投资这个经济方程式中最困难的部分在于就业这个变量:什么样的工作在等待毕业生呢?工作的好坏取决于市场供求关系,而这种关系一直处于不断变化之中。某一特定年份里,许多与技术相关的热门行业造就了大学就业市场最大的误解,那就是这些行业会一直热门下去。随之而来的抱怨是学生没有选对专业——只要他们读了那些技术行业的专业,他们就能找到好工作。

事实上,自然科学和数学方面的工作从来就没特别红火过,工程和技术领域里的工作也是忽冷忽热。正如第四章所讲,十年前无人问津的石油工程现在却成为全美最热门的工作。其中的原因就是供求关系,准确地讲,是我们无法预料市场对这种技术的需求会产生如此巨大的井喷行情。在此轮行情之前,就业市场对此类技术的需求几乎为零。很少有学生选择就读这个专业,因此人才需求很少。突然间此类人才需求量上涨,导致供需失衡,一小群新的石油工程师的工资水涨船高,居高不下。工程学是一个冷热交替的行业,各专业领域此消彼长,历来如此。该行业的专业领域之间不能相互代替,航天工程师干不了石油工程师的活儿。相同的情况也发生在IT行业,该行业也有自己的盛衰周期——在这个周期里某个专业可能红极一时,而另一个专业却门庭冷落。

追逐热门行业的现象实际上让学生们承担了更多的风险,因为他们的反应增加了就业市场更多的不确定性。比如,20世纪90年代大量涌入IT就业市场的学生是在IT人才需求减少时毕业的,又恰好碰上千年虫危机和2001年经济衰退,所有这些IT行业过剩的从业人员使得就业前景和工资待遇急转直下。反过来,这种情形让那些追逐IT行业的学生心灰意冷,又使得经济大衰退之后随着IT行业开始复苏、人才供应出现短缺的状况进一步恶化。

总而言之,我们不知道或许也不可能知道各行各业的兴衰交替。

作为一名大学生,你可要睁大眼睛进入这个高风险的就业市场,因为这将决定你的大学投资是否会产生回报。为了降低风险,我们能做的就是保留直到最后时刻换专业的能力。毕业前一年涉足一下某个行业,会让我们跟上这个处于变化之中的就业市场的节奏。这比直接选定五年前(假定你四年后真的可以毕业的话)申请上大学时选的行业要好得多。这条建议帮助我们认识到为什么换专业的能力以及按时读完专业的能力在你挑选大学时是如此重要。

很难了解某所大学的某个专业的就业前景,因为大学本身往往都不知道。大学唯一能做的就是找到自己的毕业生(这一点比你想象的要难得多），然后请这些学生告知他们的工作状况。这种调查的应答比率非常糟糕，那些干得不好的学生不会应答，还有许多人在编造答案。许多大学为了使自己的就业率看起来更好，也在编造相关信息，比如把从事任何工作的毕业生都计入“就业人员”，即使学生做的是一份临时工作，同时剔除那些说已经放弃找工作的学生等等。总而言之，不要指望学校能提供准确的数据。

通过了解美国整体的就业市场及哪个行业备受市场关注，有助于个人开展市场研究。一些像全美高校和雇主协会之类的网站会提供近几年大学毕业生的相关信息。你能做的最主要的研究是去参观一所大学的就业指导中心，看一看是哪些雇主到学校招人，以及他们招的是什么工作岗位。

当然，了解了现在的就业市场并不等于了解了未来的就业市场。要好好想一想毕业时如果你读的专业就业市场并不景气，你该怎么办。专业越集中，机会越有限：如果制药业不景气，你在其他什么行业还能用上你的药品营销文凭呢？一旦你读了这种专业又想换行业（很大比例的学生是这样做的），你要好好想一想换到一个完全陌生的行业对你来说难不难。

也许最重要的是当你找到第一份工作之后，问一问自己所学的大学专业里的哪些内容是有用的。大学教育应该是为一生做准备的。第一份工作也许不会持续很长时间，现在的员工为自己规划不同的职业已经是很普通的事情。找到第一份工作后，如果你所学的专业不是很好——所学的专业知识不是很能派上用场或者很快就过时了，那么你所学的这门专业风险极大，也就没有多少价值了。

这些提醒或许会使你对大学专业的吸引力感到失望，尽管这些专业课程是用来帮你找到第一份工作的职业技能。特别是当你意识到雇主似乎并不太在意你在大学里学到的那些职业技能时，你会更加觉得沮丧。

当然，一些像会计、护理等长盛不衰的行业是例外，这些行业的学历是由行业规则和标准来要求的。但雇主对毕业生的要求真的颠覆了传统理念，那就是工作经验比课堂知识重要，参加校园的一些社团，比如跑步俱乐部、体育团队等，那看起来至少和课堂学习一样重要。雇主想要的职员素养，比如更强的决策力和人际交往能力，这些通常会与那些包括文科在内的传统大学课程相关，而非应用型的、以就业为导向的知识和技能。

这种素养可以帮助你打开第一次就业的大门。为一家大型百货商店打工不一定非要有零售管理的文凭。任何专业文凭，大学经历的良好记录，加上在零售行业的暑假打工经历等，都可以作为很好的参考，以及在其他地方学的一些应用课程可能也够用了。美术专业的学生在大学的最后一年选修了许多计算机编程课程，加上志愿参加一些编程工作的话，就足以胜任许多编程工作了，同时还可以继续学习内心热爱的美术。相较于花钱上大学得到实习经验，如有必要花钱积累工作经验也是值得的。

政策含义

关于美国高等教育政策的讨论催生了一个理念,那就是因为大学教育惠及个人,那么只要不是靠贷款的话,学生本人承担学费是合情合理的。然而,正如前文所述,大学教育必然有回报的断言并不真实。因此由学生本人付学费,尤其如果要靠贷款上学,从经济角度考虑,这有可能是一个将会产生严重后果的决定。至少,我们不应该想当然地鼓励学生去攻读这样的学位,而应该更谨慎地考虑这样做所包含的风险。有些风险是可以预见和控制的,但确实要努力才能做到这一点。

对于许多家庭而言,送孩子上大学是一个重大的经济决定,而上大学是能找到好工作的唯一出路这一虚夸言辞将把许多家庭推向了经济的悬崖。推动学生利用免费教育的优势是一回事,建议学生为了回报而举债去读大学是另外一回事。如果我们是做投资生意的话,是不允许提这一类经济建议的。对于上大学而言,我们也不应提这样的建议。

政策制定者首先应该了解劳动力市场的一些基本事实。第一个事实就是我们无法预料未来几年经济的走势以及市场需要哪类岗位的人才。雇主声称市场需要更多的工程师或 IT 专业的毕业生,但这并不能保证这些专业的学生四年后毕业时一定能找到工作。如果因为有人觉得现在的就业市场需要医疗护理专业的毕业生,就让自己的孩子去读相关的护理专业,但这并不能保证他们都能找到工作。即使找到了工作,也不能保证今后护理行业的行情就和现在的一样好。事实上，如果我们真的鼓动许多学生去读护理专业，也就是像有些人建议的那样，从政策上去增加护理专业的资金投入而削减其他专业的资金投入，那么护理专业的求职者将大幅增加，这样就会造成这个行业的工资收入水平下降，毕业生要去拼命找工作。我们一方面在试着解决问题，另一方面又在不停地制造新的问题。

关于劳动力市场的另一个事实是这个市场造就了输家和赢家之间的一种紧张关系，尤其是在老板和雇员、买家和卖家之间的关系更是如此。当然，这种紧张状态有助于任何行业的老板拥有源源不断的非常聪明勤奋的求职者，但对于求职者而言最好是身处供不应求的就业市场之中。你或许可以言之凿凿地声明工程等行业拥有稳定的毕业生生源供应，因为大部分州立大学的工程等专业都有大型工程项目资助。这样一来，雇主实际上就更容易对工程学专业的雇员挑肥拣瘦，因为他们随时都可以回到校园去雇用拥有新技能的新员工。你或许可以说这是为了国家利益让 IT 行业花大价钱培养和塑造下一代技术人才，也可以说市场需要稳定地提供低收入的计算机编程人才。

我们不应该假装说适用于雇主的东西就必然适用于求职者。对于政府而言（特别指州政府和当地的政府而言），把当地大学看成是向雇主输送劳动力的工厂，然后又不得不向家长解释为什么学校向学生推荐就读的专业在四年之后却找不到好的工作。这简直是一套骗人的把戏。政府不情愿（其实是本应该）在行业中选出输家和赢家的原因应该也适用于劳动力市场。如果可以容忍近期毕业生中存在的失业或半失业现象，或许也可以接受劳动力市场中收入上涨更为紧张的形势。

事实表明雇主对刚毕业的大学生能力素质的要求更多的是课堂外的经历而非课堂知识。这一点和另外一条常见的政策论据背道而驰，那就是大学应该提供低成本、快捷的学历教育，以便更多的学生能够接受更多的大学教育。至少到目前为止，还没有迹象表明雇主喜欢雇用有这种学历的学生。

政策法规能起到的重要作用在于给求学者提供不同大学办学质量的相关信息。州政府一直在积极检举存在欺骗的营利性大学的招生宣传和运作模式，但问题绝不是这么简单。几乎所有的大学都缺乏一种有效的信息来评估某些专业是否有回报。

政策方面最后一个复杂的问题（也是一个大难题）在于如何解决这么一个难题，那就是雇主似乎都很不情愿为刚毕业的大学生提供培训，而是要州政府和地方政府为此买单。最近的例子发生在亚拉巴马州莫比尔市（Mobile）的一家新造船厂。为了吸引这家造船公司前往莫比尔市，州政府花巨资在该厂资助了 3 000 名工人的培训，而这仅仅是一揽子资助计划中的一部分。诚然，这种项目不仅是与副学位有关的技能培训，还是延伸到学士学位毕业生的技能培训。就工作技能而言，刚毕业的大学生往往发现自己身处两难境地：雇主只想雇用已经拥有技能的求职者，但没有雇主愿意给刚毕业的大学生提供在工作中学习这些技能的机会。

很明显，小政府主义者反对用纳税人的钱去支付本来通常由雇主自己支付的企业培训，但地方政府和州政府已经有其他多种形式的财政补贴去招商引资,发展企业。船已经起锚。或许用政府资金去培训和教育员工比直接发财政补贴要好。大学教育也是如此。考虑到雇主迟早会得到财政补贴,很难再和地方政府与州政府去理论谁应该为帮助特定雇主而开展的培训教育买单的事情。问题的关键在于政府何时让求职者或员工为企业培训买单。这等于把风险转嫁到大学生身上,而且是以他们可能不知情的方式进行的。

我们能理解为什么政治家不想说出来,但糟糕的是,教育不是包治每个人在就业市场所遇到的种种困难的灵丹妙药。当然,上大学对于大多数人而言是改变命运的决定,同时也是一笔巨大的经济投资。对于一些人而言,这项投资极具风险。说得再明白一些,并非所有大学经历都是一样的,并非所有的大学生都是一样的。至少从经济角度考虑,并非所有的大学教育都将有回报,并非所有的学生都能从上大学的投资中获得回报。

今天的大学教育和几十年前的大学教育已经不一样了,许多当今教育政策的制定者都是几十年前上的大学,而“上大学为什么要有回报?”这个问题的理论模式和现实情况不完全吻合。除此之外,我们现在还拥有了教育产业:学校通过宣传上大学必定有丰厚的经济收益这一理念来鼓励学生上大学,从而获取经济利益。建议人人都应上大学而不去考虑他们该如何缴纳上大学的费用,这是一种轻率而不负责任的态度。对于学生及其家长而言,消费者权益保护是一个很值得探讨的话题。本书提供的相关信息仅仅是这个话题的开始。

附　录

数据 A.1　1999 至 2009 年美国公立中学高中毕业生每门科目所得的平均学分

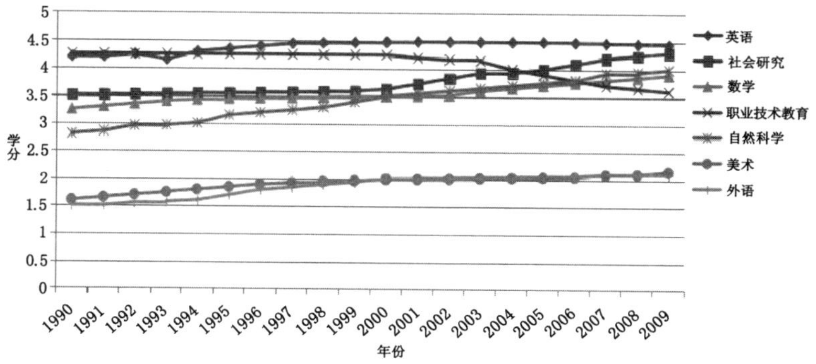

数据来源：NCES Career/Technical Education Statistics

数据 A.2　非传统学士学位和传统学士学位的吸引力对比

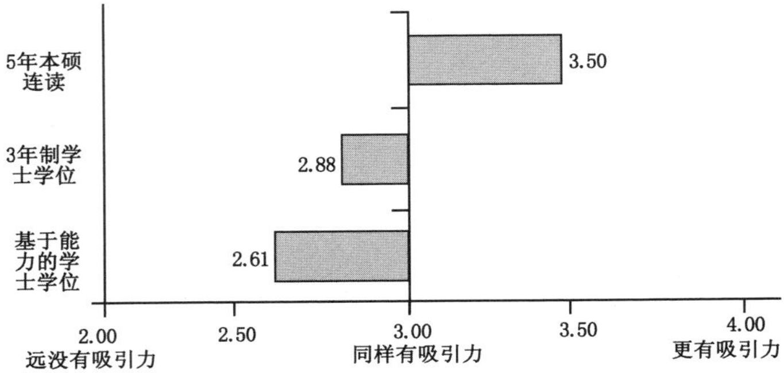

数据 A.3　2013—2014 年度美国各州公立四年制大学和两年制学院平均学杂费及 2008—2009 至 2013—2014 年度经过通胀调整后的学杂费的五年百分比的变化(参见下表)

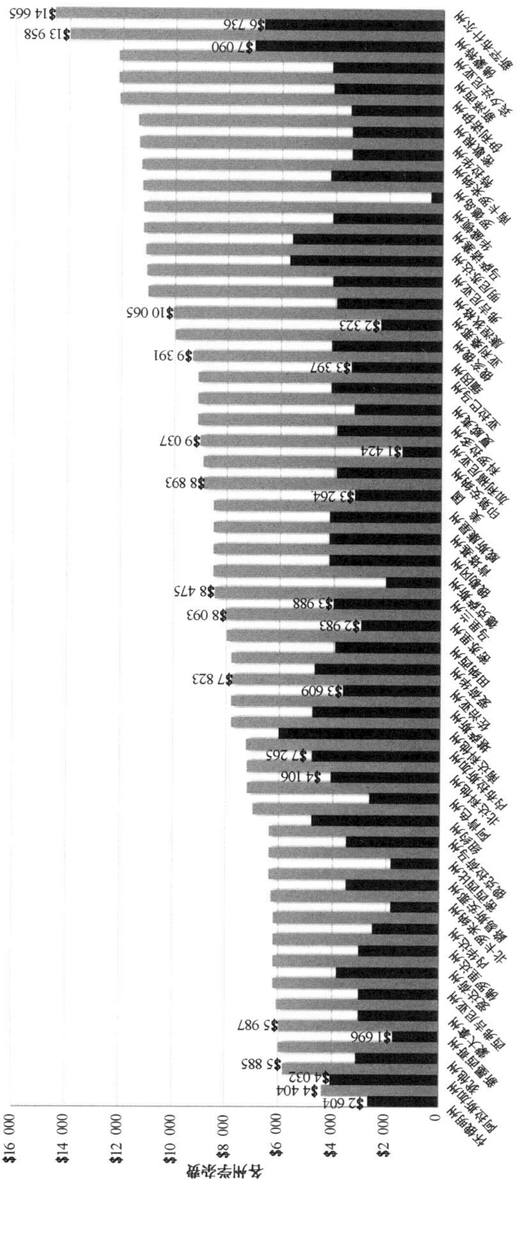
各州学杂费
$16 000
$14 000
$12 000
$10 000
$8 000
$6 000
$4 000
$2 000
0
$14 665
$6 736
$13 958
$7 090
$10 065
$2 323
$9 391
$3 397
$9 037
$1 424
$8 893
$3 264
$8 475
$3 988
$8 093
$2 983
$7 823
$3 609
$7 265
$4 106
$5 987
$1 696
$5 885
$4 032
$4 404
$2 604

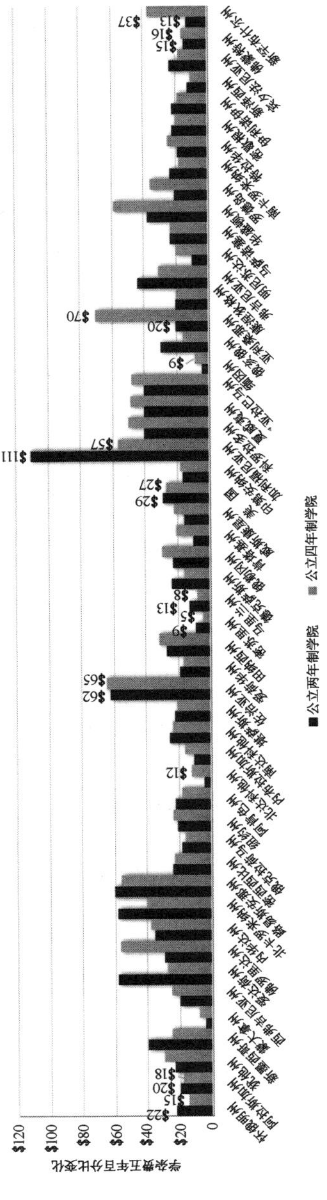

数据来源：College Board, Annual Survey of Colleges

数据 A.4. 就业市场对近期找工作的毕业生一流技能要求排名：已有的、必须的和大学教育的职责

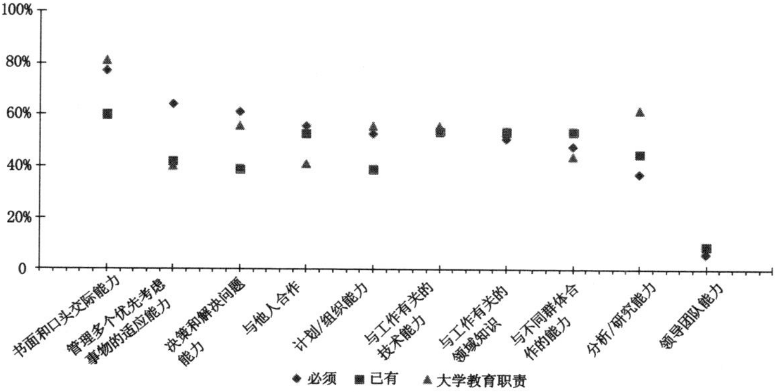

注　释

第一章　为什么受过更多教育的人会找到更好的工作?

1. Joseph Arum and Josipa Rocksa, *Aspiring Adults Adrif*: *Tentative Transitions of College Graduates* (Chicago: University of Chicago Press, 2014).

2. 这些结果来自一项对近期离校毕业生的调查:Board of Governors of the Federal Reserve System, *In the Shadow of the Great Recession*:*Experiences and Perspectives of Young Workers* (November 2014)。

3. 参见 Mandi Woodruff, "7 College Graduates Whose Lives Were Wrecked by Student Loan Debt," *Business Insider*, June 6, 2013, http://www.businessinsider.com/students-loan-debt-horror-stories-2013-6? op=1。

4. "Shorts and Faces: Ivory Hunting on the Charles," *Fortune* 37 (January 1948): 116.

5. 更多关于培训市场的崩溃和长期职业生涯规划的详情,参见 Peter Cappelli, *The New Deal at Work*: *Managing the Market-Driven Workforce*

（Boston：Harvard Business School Press，1999）。

6. 参见 Steven F. Hipple and Emy Sok，“Tenure of American Workers，” *Spotlight on Statistics*，U.S. Bureau of Labor Statistics，2013，http://www.bls.gov/spotlight/2013/tenure/pdf/tenure. pdf；and Matthew Bidwell，“What Happened to Long – Term Employment? The Role of Worker Power and Environmental Turbulence in Explaining Declines in Worker Tenure，” *Organization Science*，24，no. 4（2013）：1061–1082。

7. 关于结果，参见 Lisa M. Lynch and Sandra E. Black，“Beyond the Incidence of Employer Provided Training，” Industrial and Labor Relations Review 52，no. 1（1998）：64–81；更多有关培训内容深度的立论依据，参见 Harley J. Frazis，Diane E. Herz，and Michael W. Horrigan，“Employer Provided Training：Results from a New Survey，” *Monthly Labor Review* 118，no. 5（1995）：3–17。

8. 关于数据来源，参见 Peter Cappelli，“Skill Shortages，Skill Gaps，and Skill Mismatches：Evidence and Arguments for the U. S.，” *ILR Review*，April 2015。

9. National Center for Education Statistics（NCES），*The Condition of Education*，tables 20 and 233；and NCES，*Digest of Educational Statistics*，table 302.30.

10. Rodney Andrews，Jing Li，and Michael F. Lovenheim，“Heterogeneous Paths Trough College：Detailed Patterns and Relationships with Graduation and Earnings”（NBER Working Paper No. 19935，February 2014，JEL No. I21，I23，J31）.

11. NCES，“Fast Facts：Graduation Rates，” n.d.，http://nces.ed.gov/fastfacts/display.asp? id=40（accessed September 2014）.

12. 参见 Board of Governors of the Federal Reserve System, *In the Shadow of the Great Recession*。

13. NCES, Characteristics of Postsecondary Students, May 2014, http://nces.ed.gov/programs/coe/indicator _ csb.asp.

14. Robert Zemsky, *Checklist for Change: Making American Higher Education a Sustainable Enterprise* (New Brunswick, NJ: Rutgers University Press, 2013).

15. John Bound, Michael Lovenheim, and Sarah Turner, "Why Have College Completion Rates Declined? An Analysis of Changing Student Preparation and Collegiate Resources" (NBER Working Paper No. 15566, December 2009).

16. 参见 Institute of Education Sciences, National Center for Education Statistics, "First-Year Undergraduate Remedial Coursetaking: 1999-2000, 2003-2004, 2007-2008," *Statistics in Brief*, January 2013。2000 年私立大学四年制学生有 16%参加补习课程,2008 年有 15%参加,数字没有太大变化。

17. NCES, *Digest of Educational Statistics*, tables 305.30 and 305.40 for 2012-2013.

18. 参见 Kevin Carey, "For Accomplished Students, Reaching a Good College Isn't as Hard as It Seems," *New York Times*, November 29, 2014。

19. Caroline M. Hoxby, "The Changing Selectivity of American Colleges" (NBER Working Paper No. 15446, October 2009).

20. College Board, *Trends in College Pricing*, 2013.

21. Annalisa Merelli, "It's Harder to Get a Job in Italy with a College Degree Than Without One," Quartz, November 8, 2013, http://qz.com/145217/its-harder-to-get-a-job-in-italy-with-a-college-degree-thanwithout-one /.

22. James A. Freeman and Barry T. Hirsch, "College Majors and the Knowledge Content of Jobs," *Economics of Education Review* 27 (2007): 517-535.

23. Peter Arcidiacono, V. Joseph Hotz, and Songman Kang, "Modeling College Major Choices Using Elicited Measures of Expectations and Counterfactuals" (NBER Working Paper No. 15729, 2010).

24. Ron Wolff, "Too Many Students Pursue Worthless Degrees," *News Herald*, December 1, 2012.

25. 参见 John Siegfried and Malcolm Getz, "Where Do the Children of Professors Attend College?," *Economics of Education Review* 25, no. 2 (2006): 201-210。

26. "When Tuition at CUNY Was Free, Sort Of," *CUNY Newswire*, October 12, 2011, http://www1.cuny.edu/mu/forum/2011/10/12/when-tuition-at-cuny-was-free-sort-of/.

27. Rob Kuznia, "Special Guest Bill Clinton Delivers Redondo Union High Commencement Speech," *Daily Breeze*, June 14, 2012, http://www.dailybreeze.com/general-news/20120615/special-guest-bill-clinton-delivers-redondo-union-high-commencement-speech.

28. 相关论述, 参见 Loren Steffy, "Could Oil-Fed Enrollment Boom Lead to Bust at US Colleges?," *Forbes*, June 25, 2013, http://www.forbes.com/sites/lorensteffy/2013/06/25/could-oil-fed-enrollment-boom-lead-to-bust-at-u-s-colleges/。

29. http://www.high-school.devry.edu /parents.jsp.

30. 关于德锐大学的数据, 参见该大学"DeVry University Graduate

Employment Statistics," 2013, http://www. devry. edu/d/us - combined - graduates-employment-statistics.pdf。

31. 来自 National Association of Colleges and Employers 未曾公布的数据。

32. Kuznia, "Special Guest Bill Clinton." 大学毕业生的失业率并非一直都较低,之所以这样是因为他们能就业的岗位并不多,只好去做原本属于高中毕业生从事的工作。大学毕业生失业率较低,并不意味着要求有大学水平技能的岗位更多,这一点可以从相关数据中得到证实。

33. 更多关于普通教育发展证书(GED)的相关内容,参见 David Boesel, Nabeel Alsalam, and Tomas M. Smith, *Educational and Labor Market Performance of GED Recipients* (Washington, DC: U. S. Department of Education, Office of Educational Research and Improvement, National Library of Education, 1998)。

34. 参见 Phillip L. Roth, Craig A. BeVier, Fred S. Switzer III, and Jeffery S. Schippman, "Meta-Analyzing the Relations Between Grades and Job Performance," *Journal of Applied Psychology* 81, no. 5 (1996): 548-556。

35. 通过其平方值求得相关方差解释的方差。因此,相关系数为 0.16(r =0.16)意味着 $R^2=0.025$。关于大学课堂表现仿照某些岗位要求的相关资料,参见 Peter Cappelli, "Rethinking the 'Skills Gap,'" *California Management Review* 37, no. 4 (1995): 108-124。关于学业等级和工作表现的研究,参见 Roth et al., "Meta-Analyzing the Relationship"。有关谷歌的经验,参见 Adam Bryant, "In Head-Hunting, Big Data May Not Be Such a Big Deal," *New York Times*, June 19, 2013。

36. Yukon Huang and Canyon Bosler, "China's Burgeoning Graduates — Too Much of a Good Thing?," *National Interest*, January 7, 2014, http://nationalinterest.org/commentary/china%E2%80%99s-burgeoning-graduates%

E2%80%94too-much-good-thing-9674.

37. Richard B. Freeman, "A Cobweb Model of the Supply and Starting Salaries of New Engineers," *Industrial and Labor Relations Review* 29, no. 2 (1976): 236-248.

38. 更多有关中国近期大学毕业生的就业市场情况,参见 Bob Davis, "Graduates Play It Safe and Lose Out," *Wall Street Journal*, March 25, 2013, http://online.wsj.com/news/articles/SB10001424127887324678604578340530200654140; and Shawn Mahoney, "Graduate Unemployment in China and the US," *China Daily Mail*, August 17, 2012, http://chinadailymail.com/2012/08/17/graduate-unemployment/。

39. 参见 Bureau of Labor Statistics, table 1.4, http://www.bls.gov/emp/ep_table_104. Htm。

40. 关于克林贡语学院及其他类似机构的奖学金,参见 Melissa Tamura, "45 of the Weirdest College Scholarships," CollegeXpress, http://www.collegexpress.com/lists/ list/45-of-the-weirdest-college-scholarships/1000/ (accessed September 2014)。

第二章 我们该怎么办?

1. The National Commission on Excellence in Education, *A Nation at Risk: The Imperative for Educational Reform* (Washington, DC: U.S. Department of Education, 1983).

2. National Center for Education Statistics, "Status Dropout Rates," The Condition of Education, last updated January 2014, http://nces.ed.gov/programs/coe/indicator_coj. asp.

3. 关于学生学业成绩的最新比较数据,参见 the Programme on

International Student Achievement, http://www.oecd.org/pisa/keyfindings/pisa-2012-results.htm。有关早期的排名情况,参见 Tom Loveless, 2011 *Brown Center Report on American Education: How Well Are American Students Learning?*, vol. III, no. 1, Brown Center on Educational Policy (Washington, DC: The Brookings Institute, 2012)。更多有关补习学校的情况,参见 Mark Bray and Chad Lykins, *Shadow Education: Private Supplementary Tutoring and Its Implications for Policy Makers in Asia* (Mandaluyong City, Philippines: Asian Development Bank, 2012)。

4. 参见 National Center for Educational Statistics, Digest of Educational Statistics, U.S. Department of Education, tables 312 and 313.

5. 参见 OECD, *Education at a Glance* (Paris: OECD, 2013);图表 A4.1 报道相对的毕业率,B1.2 代表相对的花费数据,A1.1 则包含家庭支出。年龄在 25 至 34 岁之间的年轻人所受的教育不比年长的员工要多,美国是存在这一现象的为数不多的几个国家之一,以色列、芬兰、德国和巴西也是如此。美国劳动力的缺口仅仅是男性员工。美国年轻员工比其他国家的员工更可能在参加工作之后取得大学文凭。因此,美国大学生人口比率的排名会发生变化,只是这种排名变化目前还没确定。

6. 花在高等教育上的个人消费也包括给私立大学的捐赠。想了解美国高校的相关排名,参见 OECD, *Country Note: Education at a Glance — US 2012* (Paris: OECD), http://www.oecd.org/education/CN%20-%20United%20States.pdf。

7. 想要回顾这些发展,参见 H. Gordon, *The History and Growth of Vocational Education in America*, 2nd ed. (Prospect Heights, IL: Waveland, 2003)。

8. BLS, table 2.17. 国家教育统计中心的数据显示了使用不同职业分类而产生不同的细微趋势(CTE, figure 2)。1990 至 2009 年,学生在"建筑领域"所得的学分轻微地下降了 0.7%,"制造领域(包括机修工技能)"下降了 9.5%。有趣的是,选修"商务"课程所占比例几乎下降了近 20%;而在本科教育层次,商务课程却大幅扩张。这些数据只说明学生是否会选修哪些课程,正好与美国劳工统计局(BLS)的数据形成对比,后者的数据意味着学生选学多少门课程(参见 CTE,table h125)。

9. 奇怪的是,这段时期"课程完成者"的数量始终没变化——维持在 5 万以上,尽管课程以及学徒的数量大幅减少。这意味着每个学徒课程每年大约有两个完成者。参见 U.S. Department of Labor Employment and Training Administration, Registered Apprenticeship National Results, http://www.doleta.gov/oa/data_statistics.cfm。

10. 参见 María Prada and Sergio Urzúa, "One Size Does Not Fit All: Multiple Dimensions of Ability, College Attendance, and Wages" (NBER Working Paper 20752, 2014)。

11. 参见 National Center on Education and Statistics, U.S. Department of Education, table 302.60。

12. W. Norton Grubb and Marvin Lazerson, *The Education Gospel: The Economic Power of Schooling* (Cambridge, MA: Harvard University Press, 2004).

13. 参见 David J. Deming, Claudia Goldin, and Lawrence F. Katz, "The For-Profit Postsecondary School Sector: Nimble Critters or Agile Predators?" (NBER Working Paper 17710, 2011); and Anna S. Chung, "Choice of For-Profit College," *Economics of Education Review* 31, no. 6 (2012): 1084-1101。

14. 关于印度职业教育的更多信息,参见 Andre Beteille, *Universities at the Crossroads* (Oxford: Oxford University Press, 2010)。关于意大利的职业

教育，参见 ANSA, "Students March Against Renzi Reforms," October 10, 2014, http://www.ansa.it。关于美国这方面的情况，参见 Michael Roth, "How to Destroy College Education," *New York Times*, June 23, 2014。

15. Melissa Korn, "Party Ends at For-Profit Colleges," *Wall Street Journal*, August 23, 2011.

16. Last Week Tonight with John Oliver, "Student Debt (HBO)," YouTube, September 7, 2014, http://www.youtube.com/watch?v=P8pjd1QEA0c.

17. Morgan Cloud and George B. Shepherd, "Law Deans in Jail" (Research Paper No. 12-199, Emory University School of Law Legal Studies Research Paper Series, 2014).

18. 数据来自 ACT, *What Works in Student Retention: Fourth National Survey: Report for All Colleges and Universities*, 2010, http://www.act.org/research/policymakers/pdf/droptables/AllInstitutions.pdf。

19. 欲知详情，参见 Goldie Blumenstyk, "Blowing Off Class? We Know," *New York Times*, December 2, 2014。

20. 数据来自 Veronica A. Lotkowski, Steven B. Robbins, and Richard J. North, *The Role of Academic and Non-Academic Factors in Improving College Retention*, ACT Policy Report, 2004, http://www.act.org/research/policymakers/pdf/college_retention.pdf。

21. Philip Babcock and Mindy Marks, "The Falling Time Cost of College: Evidence from Half a Century of Time Use Data," *Review of Economics and Statistics* 93, no. 2 (2011): 468-478.

22. Bruce Sacerdote, "Peer Effects with Random Assignment: Results for Dartmouth Roommates," *Quarterly Journal of Economics* 116, no. 2 (2001):

681–704.

23. Todd Stinebrickner and Ralph Stinebrickner, "Learning About Academic Ability and the College Dropout Decision," *Journal of Labor Economics* 30, no. 4 (2012): 707–748; Ralph Stinebrickner and Todd R. Stinebrickner, "A Major in Science? Initial Beliefs and Final Outcomes for College Major and Dropout," *Review of Economic Studies* 81, no. 1 (2014): 426–472.

24. 比如 Marissa Hartwig and John Dunlosky, "Study Strategies of College Students: Are Self-Testing and Scheduling Related to Achievement?," *Psychonomic Bulletin & Review* 19, no. 1 (2012): 126–134。

25. Wharton School, University of Pennsylvania, "Undergrad Program: PennSTART," 2009, http://spike.wharton.upenn.edu/ugrprogram/transfers/pennstart.cfm.

26. Edith Wagner and Ştefan Szamosközi, "Effects of Direct Academic Motivation Enhancing Intervention Programs: A Meta-Analysis," *Journal of Cognitive & Behavioral Psychotherapies* 12, no. 1 (2012): 85–98; Harvard University, Success-Failure Project, http://successfailureproject.bsc.harvard.edu/.

27. Stanford University, Resilience Project, http://undergrad.stanford.edu/resiliencce.

28. 这种课程实际上要求参与者已经具备大学低年级的资历水平。因此只有学士学位的最后两年是在线学习。

第三章 上大学有回报吗?

1. Daron Acemoglu and David Autor, "What Does Human Capital Do? A Review of Goldin and Katz's *The Race Between Education and Technology*"

(NBER Working Paper No. 17820, February 2012), figure 3.

2. David Leonard, "Is College Worth It? Clearly, New Data Say," *New York Times*, May 27, 2014.《纽约时报》预估2013年大学生的小时工资溢价提高了,高达98%。

3. Robert E. Hall, "Quantifying the Lasting Harm to the U.S. Economy from the Financial Crisis" (NBER Working Paper No. 20183, May 2014).

4. Paul Beaudry, David A. Green, and Benjamin M. Sand, "The Great Reversal in the Demand for Skill and Cognitive Tasks" (NBER Working Paper 18901, 2013), 3. 早期的争论就曾提到一种趋势,那就是受过大学教育的人最终找到的工作都不需要大学文凭。David Autor, "The Polarization of Job Opportunities in the U. S. Labor Market: Implications for Employment and Earnings" (Washington, DC: Center for American Progress and the Hamilton Project, 2010).

5. 长期以来,那些天生能力和优势都不怎么好的学生更可能选择上四年制大学,这是一个不争的事实。这种情况除了会造成许多能力较低的学生根本就毕不了业,还会使得大学毕业生的平均收入受到影响。这些人会被归为"接受过某种大学教育"类型。他们的工资收入一定会比大学毕业生的收入要低许多,而且两者之间的差距还会扩大。由于是证书持有者,我这里所讲的大学毕业生收入要比媒体典型介绍的要低:这些结果都来自国家教育统计中心的数据,这些数据中的高中毕业生不包括GED证书持有者;而媒体所依赖的数据来自《当前人口调查》(CPS),该调查中的高中毕业生包括GED证书持有者。

6. 参见 Heidi Shierholz, Alyssa Davis, and Will Kimballm, "The Class of 2014: The Weak Economy Is Idling Too Many Young Graduates" (EPI Briefing Paper 377, 2014)。

7. 欲了解这方面的情况，参见 E. Leuven and H. Oosterbeek, "Overeducation and Mismatch in the Labor Market," in *Handbook of the Economics of Education*, vol. 4, ed. E. Hanushek, S. Machin, and L. Woessmann (Waltham, MA: Elsevier, 2011). 欲了解美国近年的情况，参见 Brian Clark, Clément Joubert, and Arnaud Maurel, "The Career Prospects of Overeducated mericans" (NBER Working Paper 20167, May 2014), http://www.nber,org/papers/w20167。

8. John Schmitt and Heather Boushey, *The College Conundrum: Why the Benefits of a College Education May Not Be So Clear, Especially to Men* (Washington, DC: Center for American Progress, December 2010).

9. 欲回顾相关情况，参见 Jessica Bennett and Seamus McGuinness, "Assessing the Impact of Skill Shortages on the Productivity Performance of High-Tech Firms in Northern Ireland," *Applied Economics* 41, no. 6 (2009): 727-737。Stephan Kampelmann and François Rycx, *The Impact of Educational Mismatch on Firm Productivity: Evidence from Linked Panel Data*, *Economics of Education Review* 31, no.6 (2012): 918-931。这些文章都提出相同的观点：在比利时，教育过剩的劳动力对生产力的影响是积极的。

10. 近期研究这种影响的学者有 Yuji Genda, Ayako Kondo, and Souichi Ohta, "Long-Term Effects of a Recession at Labor Market Entry in Japan and the United States," *Journal of Human Resources* 45 (2010): 157-196; Lisa B. Kahn, "The Long-Term Labor Market Consequences of Graduating from College in a Bad Economy," *Labour Economics* 17 (2010): 303-316; and Philip Oreopoulos, Till von Wachter, and Andrew Heisz, "The Short-and Long-Term Career Effects of Graduating in a Recession," *American Economic Journal: Applied Economics* 4, no. 1 (2012): 1-29。

11. Michael Greenstone and Adam Looney, "Where Is the Best Place to Invest $ 102,000 — in Stocks, Bonds, or a College Degree?," Hamilton Project, June 25, 2011, http://hamiltonproject.org/files/downloads_and_links/06_college_value.pdf.

12. 参见 PayScale, "2014 Payscale College ROI Report," http://www.payscale.com/college-roi/full-list/sortby/AnnualRoi/financial-aid/yes (accessed October 2014)。

13. 参见 Louis Lavelle, "College ROI: What We Found," *Businessweek*, April 9, 2012, http://www.businessweek.com/articles/2012-04-09/college-roi-what-we-found#p2。

14. Peter Cappelli, Monika Hamori, and Rocio Bonet, "Whose Got Tose Top Jobs?," *Harvard Business Review* (2014).

15. Caroline Hoxby, "The Return from Graduating from an Elite School, 1960 to 1988," in *Forum Futures: Exploring the Future of Higher Education*, 2000 *Papers*, ed. Maureen Devlin and Joel Meyerson, 13-42 (San Francisco: JosseyBass, 2001).

16. CollegeMeasures. org, *Higher Education Pays: But a Lot More for Some Graduates Tan for Others* (Washington, DC: CollegeMeasures.org, 2014).

17. Stacey Dale and Alan B. Krueger, "Estimating the Payoff to Attending a More Selective College: An Application of Selection on Observables and Unobservables," *Quarterly Journal of Economics* 117, no. 4 (2002): 1491-1527; Stacey Dale and Alan B. Krueger, "Estimating the Return to College Selectivity over the Career Using Administrative Earnings Data" (NBER Working Paper No. 17159, 2011).

18. Mark Hoekstra, "The Effect of Attending the Flagship State University on Earnings: A Discontinuity-Based Approach," *Review of Economics and Statistics* 91, no. 4 (2009): 717-724.

19. Kevin Lang and Erez Siniver, "Why Is an Elite Undergraduate Education Valuable? Evidence from Israel" (NBER Working Paper No. 16730, 2011).

20. 欲了解公司的筛选甄别与教育回报之间的关系,参见 Sarah Brown and John G. Sessions, "Evidence on the Relationship between Firm-Based Screening and the Returns to Education," *Economics of Education Review* 25, no. 5 (2006): 498-509。

21. Rodney J. Andrews, Jing Li, and Michael F. Lovenheim, "Quantile Treatment Effects of College Quality on Earnings: Evidence from Administrative Data in Texas" (NBER Working Paper No. 18068, 2012).

第四章　上大学的费用

1. 大学费用的比较数据包含在 OECD, *Education at a Glance* (Paris: OECD, 2013); table B1.1, 内含家庭所付费用的数据, table A7.3。

2. 参见 University of Pennsylvania, Archives and Records Center, "University History: Tuition and Mandated Fees, Room and Board and Other Educations Costs at Penn," http://www.archives.upenn.edu/histy/Features/tuition/main.html。

3. 教育机会补助金项目为那些低收入家庭的学生提供基于需求的助学金,这类助学金不需要偿还。1964 年的《高等教育机会法案》创立了工读计划,通过向学校提供补助金,雇用那些低收入家庭学生从事校园里的勤工俭学工作。一系列新法案帮助加强以需求为基础的助学贷款:1965 年的《高等教育法案》为私立学校提供联邦政府支持的保险以及基于需求的助学贷款,并设立细则来管理这些贷款,并为本科生提供更多基于需求的助学金(这个项目在1972年变成人们如今熟知的佩尔助学金)。20世纪80年代的立法,试图寻求方法确保财务补贴只针对那些需要经济援助的学生。1992年的《高等教育修正案》规定使用一种通用公式来决定学生的资金需求以及相关的贷款,限制层叠样式表(CSS)的申请格式的使用。有些私立大学仍然使用CSS申请格式的修改版来奖励本校的学生,这仍然是一种基于需求的非政府补贴。许多资料都描述了美国高校财务补贴关键司法的发展和实践,比如说学生财务补贴的历史,参见 http://www.finaid.org/educators/history.phtml(2014年10月访问)。更多有关各州和当地的高校财务补贴情况,参见 R. Chen and E. P. St. John, "State Financial Policies and College Student Persistence: A National Study," *The Journal of Higher Education*, 82, no. 5(2011): 629-660。

4. 关于 Overlap Group 院校联盟的讨论,参见 Scott E. Masten, "Old School Ties: Financial Aid Coordination and the Governance of Higher Education," *Journal of Economic Behavior & Organization* 28, no. 1 (1995):23-48。

5. 参见 Teresa Tritch, "Borrowing to Bridge the Gap: Where to Turn When Financial Aid or Savings Don't Cover Your College Costs," *Money*, September 10, 1990, 52。关于这一点,还是有一些可以期许的渠道,其中最重要的是纽约雷振茨奖学金项目。该政府奖学金直接发给那些通过某种标准测试的学生,但奖学金的金额仍然取决于他们的资金需求。那些相对富裕的学生得到的只是一种荣誉性的金额,而且该项目的得主仅限于上纽约州某所大学的纽约州居民。美国国家优秀奖学金项目仍然是唯一的国家标准的奖学金。2012年,对于全美高校大约2 000万的在校大学生而言,奖学金的数量大约是一万份,每份的标准金额是2 500美元。欲了解详情,参见 National

Merit Scholarship Corporation 于 2014 年 9 月最新上传的资料 National Merit Scholarship Program, http://www.nationalmerit, org./nmsp.php#winner。

6. 参见 College Board, *Trends in Student Aid*, 2013（College Board, 2014）。本科生的助学贷款增幅巨大，2012—2013 年度比同期实际增加了两倍，每人均达 53 000 美元。这些贷款不成比例地流向自然科学和医学护理专业的学生。

7. 欲了解体育奖学金方面的内容，参见 Statistic Brain, "NCAA College Athletics Statistics," April 26, 2014, http://www. statisticbrain. com/ncaa-college-athletics-statistics/。

8. National Labor Relations Board, "NLRB Director for Region 13 Issues Decision in Northwestern University Athletes Case," March 26, 2014, http://www.nlrb. gov/news-outreach/news-story/nlrb-director-region-13-issues-decision-northwestern-university-athletes.

9. James L. Shulman and William G. Bowen, *The Game of Life: College Sports and Educational Values* (Princeton, NJ: Princeton University Press, 2002).

10. Peter Cappelli and Shinjae Won, "How You Pay Affects How You Do: Financial Aid and College Outcomes" (Wharton School Management Department discussion paper, 2015).

11. Regula Geel and Uschi Backes-Gellner, "Earning While Learning: When and How Student Employment Is Beneficial," *Review of Labour Economics and Industrial Relations* 26, no. 3 (2012): 313-340.

12. Board of Governors of the Federal Reserve System, *In the Shadow of the Great Recession: Experiences and Perspectives of Young Workers* (November 2014), 14.

13. 联邦政府提供贷款利率的相关信息,参见 http://www.direct.ed.gov/calc.html。

14. 参见 Jesse Rothstein and Cecilia Elena Rouse, "Constrained After College: Student Loans and Early-Career Occupational Choices," *Journal of Public Economics* 95 (2011): 149-163.

15. 参见 Federal Student Aid, "Forgiveness, Cancellation, and Discharge," http://studentaid. ed. gov/repay - loans/forgiveness - cancellation (accessed October 2014)。

16. 此表由大学准入与成功研究所汇编而成,"尽管比例较低,还是有超过 650 000 名大学生违约偿还联邦政府的学生贷款"。(2014 年 9 月 24 日,华盛顿特区,记者招待会)

17. 大学生目前的债务负担使得这一代人的住房购买力下降。Neil Irwin, "How Student Debt May Be Stunting the Economy," *New York Times*, May 14, 2014.

18. Deb Weinstein, "No Job and $50 000 in Student Debt. Now What?," *Forbes*, February 23, 2010, http://www.forbes.com/2010/02/23/student-loan-debt-payment-deferral-personal-finance-career-change.html.

19. 美国联邦政府近期实施一项相对新颖的名为附加贷款(Plus Loans)的项目,该项目主要面向研究生,但本科生的父母也可以提出申请。该项目要求学生及其家人必须有资格申请财务补贴,学生家长必须要良好的信用记录。好消息是该项目可贷款的金额要高许多。坏消息是这些贷款更像是私人贷款:该项目收取贷款手续费,目前是按贷款总额的 4.3%收取。在 2015 年,该项目 7.2%的贷款利息相当高,比 15 年的住房抵押贷款的两倍还要多。

20. 参见 Consumer Financial Protection Bureau, "CFPB Report Finds

Distressed Private Student Loan Borrowers Driven into Default," October 16, 2014, http://www.consumerFinance.gov/newsroom/cfpb - report - finds - distressed-private-student-loan-borrowers-driven-into-default/。

21. 参见 *Trends in College Pricing* (Princeton, NJ: The College Board, 2014)。

22. Catharine B. Hill and Gordon C. Winston, "Access: Net Prices, Affordability, and Equity at a Highly Selective College," *Economics of Education Review* 24 (2005): 85-95.

23. Ron Lieber, "Appealing to a College for More Financial Aid," *New York Times*, April 4, 2014.

24. Scott Jaschik, "Feeling the Heat: The 2013 Survey of College and University Admissions Directors," *Inside Higher Ed*, September 18, 2013, http://www. insidehigherEd. com/news/survey/feeling - heat - 2013 - survey - college-and-university-admissiondirectors.

25. Larry D. Singell Jr., "Merit, Need, and Student Self Selection: Is There Discretion in the Packaging of Aid at a Large Public University?," *Economics of Education Review* 21 (2002): 445-454.

第五章　大学毕业后找到的第一份工作

1. Peter Cappelli, *Why Good People Can't Get Jobs: The Skills Gap and What Companies Can Do About It* (Philadelphia: Wharton Business School Press, 2013).编者按:该书已有中译本《沃顿管理精要:招到好人才》,中信出版社,2013。

2. 参见 David Finegold and Geoff Mason, "National Training Systems and Industrial Performance: U.S.-European Matched Plant Comparisons," *Research* *in Labor Economics*, 18（1999）：3321–3358。

3. 欲回顾先前的研究和当前的证据，参见 Vera Brenčič，"Do Employers Respond to the Costs of Continued Search?，" *Oxford Bulletin of Economics & Statistics* 72, no. 2（2010）：221–245。

4. 如果工作要求太具体了，当然有可能招不到工。如果是这样的话，我们只有寄希望于雇主能从企业内部培养他们：除此以外，谁还会有兴趣去培养他们呢？

5. 欲了解雇主规模分布的信息，参见 U.S. Census Bureau，"Statistics About Business Size（Including Small Business）from the U.S. Census Bureau，" http://www.census.gov/econ/smallbus.html（accessed October 2014）。

6. 关于技能问题的参考意见和附加信息，参见 Peter Cappelli，"Skill Shortages, Skill Gaps, and Skill Mismatches：Evidence and Argument for the US，" *ILR Review*, April 2015。

7. National Commission on Excellence in Education，"A Nation at Risk：The Imperative for Educational Reform"（Washington, DC：U.S. Department of Education, 1983）.

8. National Center on Education and the Economy，"America's Choice：High Skills or Low Wages! The Report of the Commission on the Skills of the American Workforce"（Rochester, NY：2009）.

9. 参见 Mary Joyce and David Neumark，"School-to-Work Programs：Information from Two Surveys，" *Monthly Labor Review* 124（2001）：38–50；and Peter Cappelli, *Employer Participation in School-to-Work Activities and Involvement with Schools*, The National Center for Postsecondary Improvement（Palo Alto, CA：Stanford University, 2001）。

10. Elizabeth G. Chambers Mark Foulon, Helen Handfield-Jones, Steven

M. Hankin, and Edward G. Michaels, "The War for Talent," *McKinsey Quarterly* (1998): 44-57.

11. U.S. Chamber of Commerce, "The State of American Business 2006" (Washington DC, 2006).

12. President's Council on Jobs and Competitiveness, *Roadmap to Renewal* (Washington, DC: The White House, 2012), http://www.jobs.council.com/recommendations/summary-of-road-map-to-renewal-report/.

13. Anthony P. Carnevale, Nicole Smith, and Jeff Strohl, *Help Wanted: Projections of Jobs and Education Requirements Trough* 2018 (Washington, DC: Center on Education and the Workforce, Georgetown University, 2010).

14. Lauren Weber and Melissa Korn, "Where Did All the Entry-Level Jobs Go?," *Wall Street Journal*, August 6, 2014.

15. 参见 Committee on Science, Engineering, and Public Policy, *Rising Above the Gathering Storm: Energizing and Employing America for a Brighter Economic Future* (Washington, DC: National Academies Press, 2007)。关于用人短缺情况，参见 President's Council of Advisors on Science and Technology, 2012, http://www.whitehouse.gov/sites/default/files/microsites/ostp/pcast-engage-to-excel-final_2-25-12.pdf。Robert Charette, "The STEM Crisis Is a Myth" (IEEE Spectrum, August 2013), http://spectrum.ieee.org/at-work/education/the-stem-crisis-is-a-myth. 关于招工用人的其他资讯，参见 Hal Salzman, Daniel Kuehn, and B. Lindsay Lowell, "Guestworkers in the High-Skill US Labor Market" (EPI Briefing Paper No.359, Washington, DC, April 24, 2013)。

16. 大学不同专业学生的分布情况取决于通过学位授予机构授予的、按研究领域划分的学士学位的分布情况。NCES, *Digest of Education*

Statistics, 2012, table 313.

17. 关于21世纪初的数据,参见 John Tsapogas, "Employment Outcomes of Recent Science and Engineering Graduates Vary by Field of Degree and Sector of Employment" (National Science Foundation InfoBrief NSF 04-316, May 2004), http://www.nsf.gov/statistics/infbrief/nsf04316/。欲了解为什么工程师会跳槽,参见 Lisa Frehill, "Satisfaction: Why Do People Give Up Engineering? Surveys of Men and Women Engineers Tell an Unexpected Story," *Today's Engineer* (IEEE-USA), February 2010, http://www.todaysengineer.org/2010/Feb/satisfaction.asp。关于信息技术行业从业人员的研究,参见 Peter Cappelli, "Why Is It So Hard to Find Information Technology Workers?," *Organizational Dynamics* 30, no. 2 (2001): 87-99。

18. 关于这一点,我在《为什么优秀人士找不到工作》一书中从雇主的立场分析了相关的观点。我列举了雇主抱怨大学毕业生行为习惯的内容:"重新考虑技能差异。"参见 *California Management Review* 37, no. 4 (1995): 108-124。有人认为这些行为习惯是可以培养的:"培养和考量技能:培养认知和非认知能力,提高终生成就。"参见 Tim Kautz, James J. Heckman, Ron Diris, Baster Weel, and Lex Borghans, "Fostering and Measuring Skills: Improving Cognitive 206 Notes to Pages 159-175 and Non-Cognitive Skills to Promote Lifetime Success" (NBER Working Paper No. 20749, 2014)。

19. 参见"The Skills and Qualities Employers Value Most in Their New Hires" (press release, Bethlehem, PA, National Association of Colleges and Employers, 2014)。

20. Ofer Malamud, "Breadth vs. Depth: The Timing of Specialization in Higher Education" (NBER Working Paper 15943, 2010).

21. Eric A. Hanushek, Ludger Woessmann, and Lei Zhang, "General

Education, Vocational Education, and Labor-Market Outcomes over the Life-Cycle"（NBER Working Paper No. 17504, October 2011）.

22. "Temporary, Unregulated and Often Unpaid, the Internship Has Become the Route to Professional Work," *Economist*, September 6, 2014, http://www.economist.com/news/international/21615612 – temporary – unregulated–and–often–unpaid–internship–has–become–route.

23.《纽约时报》刊登过很多关于这些不计酬实习的文章，如"Do Unpaid Internships Exploit College Students?," *New York Times*, February 4, 2012, http://www. nytimes. com/roomfordebate/2012/02/04/do – unpaid – interships – exploit–college–students。

24. Blair Hickman and Jeremy B. Merrill, "Unpaid Interns Win Major Ruling in 'Black Swan' Case — Now What?," *ProPublica*, June 12, 2013, http://www.propublica.org/article/unpaid–interns–win–major–ruling–in–black –swan–case–now–what.

25. 参见 National Association of College and Employers, "Employers Hiring More Bachelor's Degree-Level Students for Internships and Co-ops," April 16, 2014, http://www. naceweb. org/so4162014/intern – co – op – hiring. aspx? land–intern–lp–l–spot–inhir–05092014。

26. 参见 Glassdoor Team, "Top 20 Highest Rated Companies Hiring Interns Right Now," *Glassdoor Blog*, February 15, 2013, http://www. glassdoor.com/blog/top–20–highest–Rated–companies–hiring–interns/。

27. Philip D. Gardner, Georgia T. Chao, and Jessica T. Hurst, "Ready for Prime Time? How Internships and Coops Affect Decisions on Full-Time Job Offers"（white paper prepared for monstertrak.com, 2008）.

28. 例如 Barry Bosworth, *Certifcates Count: An Analysis of*

Subbaccalaureate Certifcates (Washington, DC: Complete College America, 2010)。

29. Peter Cappelli and J. R. Keller, "A Study of the Extent and Causes of Alternative Work Arrangements," *ILR Review* 66, no. 4 (2013): 874-900.

30. 参见 Board of Governors of the Federal Reserve System, *In the Shadow of the Great Recession: Experiences and Perspectives of Young Workers* (November 2014)。

第六章　结语

1. 关于这些好处的详细叙述,参见 Ernest T. Pascarella and Patrick T. Terenzini, *How College Affects Students* (New York: Wiley, 2005)。

译后记

教育,人类自古就有的重要社会活动,在传播知识、启发民智、推动社会发展和进步等方面具有无可替代的作用。百年大计,教育为本。古今中外,概莫如是。中国儒家经典《大学》开篇对大学的宗旨是这样论述的:“大学之道,在明明德,在亲民,在止于至善。”由此可见,明德至善作为《大学》的核心思想,意指追求光明正大的品德,使自身的境界达到至善至美,是儒家学者的最高追求。西方资产阶级教育理论的奠基人夸美纽斯在《大教学论》中高度评价教育对社会的作用,认为“社会与国家的改良和进步在于青年得到合适的教育”。他希望通过教育,改革社会道德普遍堕落的现象,从而“减少黑暗与倾轧”,得到“光明与和平”。同时,他也高度肯定了教育对人的发展的作用,认为“假如要形成一个人,就必须由教育去形成”,“只有受到一种合适的教育之后,人才能成为一个人”。他把人的心灵比作园地中的泥土,可以栽种各色花木,结出累累果实。

以史为鉴,可知兴替。作为当今世界唯一的超级大国,美国高等教育的办学规模和办学水平居世界之首,在支持美国社会进步和经济发展方面发挥重要作用。了解美国高等教育的现状,对制定我国高等教育的相关政策、研判我国高等教育未来发展趋势、破解我国高等教育面临的困境等等方面无疑具有重要的参考意义。《上大学值得吗?》一书给我们提供了许多了解美国高等教育的相关信息。该书作者彼得·卡佩利,是美国国家教育部劳动力教育素质研究中心的联合主任及美国国家教育部高等教育研究中心(斯坦福大学)执行委员,美国国家经济研究院(麻省剑桥)研究员,沃顿大学管理学教授及该校人力资源中心主任,长期参与政府劳动力及教育方面的政策制定,有丰富的高校教育教学与行政管理经验。

《上大学值得吗?》一本共有六章。第一章提出问题:为什么受过更多教育的人会找到更好的工作。作者通过大量实例分析了教育与就业之间的关系,指出大学教育在许多方面提高人们的生活质量,比如更好的健康、更好的公民意识和个人成长,而这些都有益于整个社会的健康发展。第二章主要分析美国高等教育的现状:大学生是哪些人,大学的办学经费来源,大学教育的方向性变化,如何在大学里做得更好。第三章是全书的高潮部分,重点分析了"上大学是否有回报?"这一敏感而复杂的问题。对于这个问题的回答,作者认为"要视情况而定"。作者认为决定大学教育回报的因素有很多:上哪所大学,读什么专业,上学的费用以及能否按时毕业,还有不可预测的就业市场行情,等等。第四章主要分析了在美国上大学的成本,如何申请财务补贴以及三种主要的财政援助（奖学金、勤工俭学、助学贷款），最后讨论了不申请助学金是否会增加被录取的机会这个问题。第五章主要是讲大学毕业后找到的第一份工作，分析了雇主想要招什么样的大学毕业生，讨论了毕业实习的问题以及如何获取工作经验，指出美国高等教育早期的“上大学=成功”模式正逐渐衰落，取而代之的是大学与就业之间的紧密联系。第六章是结论部分，作者概括和总结了决定大学教育投资回报的诸多因素。最后，作者指出："今天的大学教育和几十年前的大学教育大不一样了……我们现在还拥有了教育产业：学校通过宣传上大学必有丰厚的经济回报的理念来鼓励学生上大学，从而获取经济利益。然而，建议人人都应上大学而不考虑他们该如何缴纳上大学的费用，这是一种轻率而不负责任的态度。对于学生及其家长而言，消费者权益保护是一个很值得探讨的话题。本书提供的相关信息仅仅是这个话题的开始。"

翻译这样一部教育专著颇有难度。译者既要有扎实的语言功底，又要有教育学相关背景知识以及广阔的知识视野。书中有大量的专业图表，这要感谢我的学生陈印凡、陈竹媚的精心制作和热心帮助。感谢黎金飞、赵金、陆施豆等编辑，还要感谢我的家人，没有他们的关心和支持，这本译著不可能这么顺利地问世。译文中的诸多不当甚至错误之处，敬请广大读者批评指正。

译　者

2017 年 3 月于桂林